Die perfekte Beilage

SUSANN KREIHE

Die perfekte Beilage

DIE 60 BESTEN REZEPTE VON SAFRANGEMÜSE BIS PARMESANSOUFFLÉ

CHRISTIAN

Vorwort

Mein Anliegen: Beilagen den perfekten Auftritt geben.

Bei der Überlegung, was es zu essen geben soll, führt der erste Gedanke meist zur Hauptkomponente. Das ist dann wahlweise Geflügel, Schwein, Rind, Lamm, Fisch oder eine vegetarische oder vegane Alternative. Dazu die Sauce, vielleicht ein Gemüse, und der Rahmen ist gesteckt. Die Beilagen spielen meist eine untergeordnete Rolle. Kartoffeln, Nudeln, Reis und ein gemischter Salat – eins davon geht immer. Nun, haben Sie sich an irgendeiner Stelle wiedererkannt?

Wenn Sie am Ende dieses Buchs angekommen sind, wird sich das sehr wahrscheinlich geändert haben. Auf den folgenden Seiten finden Sie Anregungen zu Beilagen für zahlreiche Gelegenheiten. Solche, die das ganze Jahr über passen, und jahreszeitliche Highlights. Von einfach bis raffiniert, aber, versprochen, nie langweilig. Probieren Sie sich ruhig auch durch die Beilagenideen zum Sattwerden, zum Beispiel aus Teigwaren, Kartoffeln, Reis oder Hülsenfrüchten.

Viele der Rezepte können für sich stehen und werden mit wenigen weiteren Zutaten schnell zu einem Hauptgericht.

Viel Vergnügen beim Ausprobieren wünscht

Inhalt

Intro

Worum geht es?

Beilagen begleiten ein Gericht dezent, sollen nicht hervorstechen und meist schnell zubereitet sein. Wenn man den Begriff einmal genau betrachtet, haben sie kein schönes Leben, denn sie »liegen« nur »dabei«. Diesem tristen Dasein muss Abhilfe geschaffen werden.

Klassisch teilt man sie in Sättigungs- und Gemüsebeilagen ein. Wobei die Sättigungsbeilagen durch ihren hohen Anteil an stärkehaltigen Zutaten eben genau das tun sollen – also sättigen. Schnell gemacht sind dann Salzkartoffeln, Butterreis oder Spaghetti.

Bei Gemüsebeilagen war viele Jahre Buttergemüse, Blumenkohl in Bröselbutter oder gekochter Spargel der Liebling der Nation. All diese Beilagen haben ihre Berechtigung und sie lösen in mir ein wohliges Gefühl aus, da sie mit meinen kulinarischen Kindheitserinnerungen verbunden sind. So wurde bei uns gekocht, klassisch und gut (auch wenn es gekochten Spargel nicht mehr bei mir gibt).

Schon seit ich in meiner Jugend begonnen habe zu kochen, wollte ich Gerichte anders zubereiten, als sie »schon immer« zubereitet wurden. Meine Arbeit als Köchin und Kochbuchautorin beinhaltet auch immer, Gerichte zu überdenken und neu zu interpretieren. Dabei ist mir wichtig, dass nichts Verkünsteltes dabei herauskommt. Alle Zubereitungen sollen alltagstauglich sein und schmecken. Das Thema Beilagen ist unter diesem Gesichtspunkt perfekt geeignet und es war und ist spannend, sich diesem Thema zu widmen.

Über das Buch

Dieses Buch ist in zwei Hauptkapitel eingeteilt:

In **Beilagen für das ganze Jahr** versammeln sich Zubereitungen mit Kartoffeln, Teigwaren und Reis, Hülsenfrüchten und Co. Im Kartoffel-Teil finden Sie neben den perfekt knusprigen Bratkartoffeln und lila Kartoffelknödeln auch Ideen, wie sich die Erdknollen zu raffinierten Kartoffelspießen oder einem cremigen Ragout verfeinern lassen.

Die Schritte zum ersten eigenen Soufflé verhelfen Ihnen am Tisch sehr wahrscheinlich zu etlichen Wow-Ausrufen. Es punktet neben einem soften Kern mit der Würze von Parmesan und Rosmarin. Die angebratene Semmelknödelroulade oder die knusprigen Gemüsefrühlingsröllchen sind schnell zubereitet und verfeinern ein Gericht, wenn es einmal keine Kartoffeln sein sollen. Knusprige Beilagen lieben übrigens cremige Saucen oder Fleisch und Fisch in Sauce.

Zu guter Letzt ergänzen die Reistaler von Seite 91 mit dem fernöstlichen Aroma von grünem Tee, ein orientalischer Perlcouscous (Seite 81) oder die fast schon klassischen schwarzen Belugalinsen mit Balsamico (Seite 99) die Vielfalt der Beilagen.

An dieser Stelle möchte ich noch einmal kurz erwähnen, dass sehr viele der Beilagen für sich stehen können und nicht unbedingt ein Stück Fleisch, Fisch oder eine vegane Alternative brauchen. Zusammen mit einem Salat und einem Dip wird die »Beilage« von ganz allein zum Hauptgericht.

Die **Beilagen der Saison** liegen mir besonders am Herzen, da das Gemüse in seiner Haupterntezeit am aromatischsten ist und voller Vitamine und Mineralstoffe steckt. Zudem sind Saisongemüse während der Ernte oft günstiger, da es ein großes Angebot gibt. Und wer freut sich nicht auf den ersten Spargel? Schauen Sie also ruhig übers Jahr immer mal wieder in dieses Buch und lassen Sie sich von den Rezepten vor dem Einkauf inspirieren.

Beilagen anrichten

Gekonntes Anrichten ist nicht schwer, wenn man weiß, wie es geht. Wohlbekannt und wahr ist der Ausspruch: »Das Auge isst mit.« Neben den fünf Geschmacksrichtungen, die wir im Mundraum wahrnehmen können, haben Nase und Augen einen wichtigen Part. Einen Großteil der Aromen nehmen wir mit der Nase auf. Das Auge sieht ein schön angerichtetes Essen und leitet diese Information an unser Gehirn weiter. Zudem macht ein Essen, das schon auf den ersten Blick ein wahrer Augenschmaus ist, viel mehr Lust aufs Probieren. Das Aufsteigen von Kräuteraromen, Zitrusnoten und Röstaromen in die Nase lässt uns das Wasser im Munde zusammenlaufen.

Damit es schmeckt und gut aussieht, gilt hier, was bei allen neuen Rezepten gilt. Bitte lesen Sie zunächst die Zutatenliste und Zubereitung durch. Dann Vorräte checken und einkaufen gehen. Saisonalen und regionalen Produkten gebe ich gern den Vorrang. Bei der perfekten Beilage kann die Hauptkomponente auf dem Teller gerne einfach gehalten sein. Ist sie von sehr guter Qualität, reduziert sich der Aufwand bei der Zubereitung automatisch. Denn ein gutes Stück Fleisch, ein frisches Fischfilet oder würzig marinierter Seitan brauchen in der Regel nur kurz angebraten und gewürzt zu werden. Mit einigen Kräutern, einer angedrückten Knoblauchzehe oder etwas frisch zerstoßenem Pfeffer wird es auf jeden Fall gut. Die perfekte Beilage ist das Tüpfelchen auf dem »i«.

Um dem Gericht den richtigen Rahmen zu geben, ist das Anrichten ein wesentlicher Punkt. Sie können in der Küche selber anrichten oder die Beilagen auf der Mitte des Tisches einsetzen und die Gäste bedienen sich selbst. Selber anrichten ermöglicht es Ihnen, den Teller optimal zu dekorieren und alles genau an den vorgesehenen Platz zu drapieren. Es macht allerdings auch viel mehr Arbeit und wenn Sie allein in der Küche stehen, nimmt dies entsprechend viel Zeit in Anspruch. Mit einer besonders ausgefeilten Vorbereitung und einem gut durchdachten Plan kann auch ein komplett angerichtetes Menü gelingen. Schreiben Sie sich alles genau auf, dann vergessen Sie auch keinen Schritt. Für solche Menüs sind große Teller, neutral, einfarbig und ohne Muster, am besten geeignet. Sie lenken nicht so sehr vom eigentlichen Star, dem Essen, ab.

Das Anrichten auf dem Teller folgt in Restaurants zum Großteil geometrischen Mustern. Diese Muster geben den Rahmen vor, an ihren Linien entlang werden die Bestandteile des Essens platziert. Denken Sie sich etwa eine Linie mittig auf dem Teller. Entlang dieser Linie werden nun die einzelnen Komponenten angerichtet. Zuunterst kommen kleinteilige Bestandteile oder solche mit Saucen. Als Beispiel nehmen wir das Kartoffel-Birnen-Ragout von Seite 52. Darauf werden dann zum Beispiel Medaillons vom rosa gegarten Rehrücken gelegt. Einige karamellisierte Rosmarinnadeln und Tupfen einer Preiselbeerfruchtsauce vollenden das Gericht.

Mit Saucentupfern, Kräuterblättern und gerösteten Nüssen werden viele Gerichte schnell zum optischen Highlight. Ist hingegen ein Fleischragout geplant, kommt dies zunächst auf den Teller. Darauf legt man dann (knusprige) kleinteilige Beilagen. Hier sind zum Beispiel kleine Knödel (blaue Kartoffelknödel, siehe Seite 34) oder Minifrühlingsröllchen (Gemüsefrühlingsröllchen von Seite 67) sehr gut geeignet.

Auch in zwei oder drei mittig angedachten Linien lassen sich Gerichte mit drei bis vier Komponenten anrichten. Halbmond- oder kreisförmig anrichten gelingt am besten mit Beilagen wie dem grünen Perlcouscous von Seite 81, den cremigen Gemüseperlgraupen oder einem Risotto. Die Hauptkomponente, also Fisch, Fleisch oder vegane Alternativen, kommt darauf. Beim Anrichten ist es wichtig, auch mal »hochzustapeln«, und zwar im wahrsten Sinne des Wortes. Einzelne Bestandteile eines Gerichts übereinandergestapelt, bringen optisch einen tollen Effekt. Das Risotto wird mit einigen frittierten Zwiebelringen, die locker daraufgeschichtet werden, zum Hingucker. Das können auch Kräuter- oder zarte Salatblätter (zum Beispiel Rucola oder Feldsalat) sein. Auch sie lassen sich gut in die Höhe bringen, als lockeres Bällchen geformt.

Vor einigen Jahren kamen die Vorspeisenringe in Mode und waren im Handel fast überall erhältlich. Sollten Sie in Ihren Schubläden noch so etwas finden: Diese sind perfekt geeignet, um Beilagen eine Form zu geben. Auf Seite 92 finden Sie ein Couscous-Türmchen, das mehrere Anrichteweisen vereint. Der Couscous wird in den Ring gegeben und angedrückt. Darauf folgt eine helle Crème-fraîche-Schicht, die Frische bringt. Die Salatblättchen und Blüten sorgen für ein optisches Highlight. Sie sehen, ohne großen Aufwand kann ein einfacher Couscous zu einer perfekten Beilage werden.

Weitere Formen zum Anrichten können sein: X, D, S, Z. Stellen Sie sich diese Buchstaben auf Ihrem Teller vor, nehmen Sie die Beilage vor Ihr inneres Auge und fügen Sie sie mit den weiteren Bestandteilen des fertigen Gerichts zusammen. Je nach Vorstellungskraft kann auch eine Skizze helfen, sich das Gesamtkunstwerk vor Augen zu führen.

Gemütlicher und weniger stressig ist es, wenn die Beilagen einfach auf den Tisch gestellt werden. Auf Tellern, in Schalen, Etageren, Schälchen usw. aller Formen und Farben werden sie auch so zu Hinguckern. Ein gutes Beispiel dafür ist die Semmelknödelroulade von Seite 68. Die verschiedenen Schälchen wirken harmonisch, auch wenn sie sich in Farbe und Form unterscheiden. Auch ein längeres Holzbrett ist für solche Beilagen praktisch und schön, denn die Scheiben können in einer langen Bahn aufgelegt werden.

Zum Anrichten dürfen Sie auch ruhig mal um die Ecke denken. Das Pesto-Zupfbrot auf Seite 72 habe ich etwa in einer Kranzform gebacken und wie einen Kuchen auf einer opulenten Holzetagere serviert. Eine ungewöhnliche und wirkungsvolle Variante.

Servieren Sie die Beilagen als Büfett oder Brunch, etwa zu Ostern, zum Geburtstag oder zu Weihnachten, nehmen Sie einfach große Essteller als Büfettplatten. Die Ratatouille-Blüten zeigen auf Seite 130, dass es nicht immer eine extravagante Platte braucht, um einen guten Eindruck zu hinterlassen. Holzbretter, Kuchenplatten oder eine mehrstöckige Etagere, auf die viele kleine Teller gestellt werden, verhelfen Ihren Beilagen zu einem tollen Auftritt.

Verschiedene Gläser, ob die klassischen Weckgläser oder kleinere Schraubgläser, sind für Gemüsebeilagen, wie das kalte Melonengemüse, das cremige Safrangemüse oder den Rosenkohlblatt-Salat, wie gemacht. Die Gläser unbedingt etwas vorwärmen, damit die Beilagen nicht so rasch abkühlen.

Tipp: Etiketten von Schraubgläsern entfernen

Zunächst in warmem Wasser einweichen, die meisten lösen sich dann von selbst. Bei manchen Gläsern löst sich nur die obere bedruckte Schicht und es bleibt eine hartnäckige weiße Schicht. Diese leicht mit Speiseöl einreiben und stehen lassen. Nach einiger Zeit löst sich der Kleber und die Reste lassen sich mit einem Tuch abreiben.

Die fertigen Teller anzurichten, hat den Vorteil, dass Sie die Portionsgröße, Optik und Deko selbst wählen und genau bestimmen können. Das ist vor allem bei Einladungen in kleiner Runde, gesetzten Essen mit Menüfolge oder förmlichen Tafeln von Vorteil. Hierbei steht der erste Eindruck beim Einsetzen der Teller im Fokus, daher sind filigranere und strukturierte Anrichteweisen die erste Wahl. Bei gemütlichen Essen am Tisch verschafft man sich und seinen Gästen eine Wohlfühlatmosphäre, wenn alles zum Selbernehmen auf dem Tisch steht. Im Übrigen können Sie auch eine Variante aus beidem wählen. Die Hauptkomponenten des Gerichts auf Tellern anrichten und servieren. Die Beilagen werden hingegen zum Selberbedienen auf den Tisch gestellt.

Beim Anrichten hilft es, sich Linien vorzustellen. Oftmals wird die Beilage in dieser gedachten Linie aufgetragen und die Hauptkomponente kommt oben auf. Links und rechts davon können Saucentupfer, Kräuter oder andere Toppings drapiert werden.

Ein gekonntes Farbspiel

Nicht jedes Essen ist per se farblich schön und ausgeglichen. Ein Kartoffelpüree mit einem weißen Fischfilet und heller Sauce schmeckt zwar wunderbar, aber dem Auge fehlen die Highlights. Abhilfe schafft in diesem Fall ein farbiges Püree oder eine farbige Sauce. Wie sich ein Kartoffelpüree ganz leicht einfärben lässt, lesen Sie auf Seite 26. Auch die cremige Polenta mit grünen Knuspertopping (Seite 86) passt hervorragend und liefert mehr fürs Auge. Für alle Fans des klassischen Kartoffelpürees empfehle ich etwas Safran, Currypulver oder einen Esslöffel Tomatenmark, um es zu verfeinern. Gehackte Kräuter sind sowohl geschmacklich als auch optisch Gamechanger für so ziemlich jedes Gericht. Ein Töpfchen frisches Grün auf dem Fensterbrett oder dem Balkon lege ich Ihnen sehr ans Herz. Im Notfall tun es natürlich auch gefrorene Kräuter.

Um ein klassisches Schmorgericht, wie Bœuf bourguignon oder Gulasch, optisch zu verfeinern, sind die blauen Kartoffelbällchen (Seite 34), die gefüllten Knödel (Seite 40) oder der Ofen-Rotkohl mit nussiger Haube (Seite 163) perfekt geeignet. Sowohl die knusprige Bröselmischung der Knödel als auch die Nussmischung des Rotkohls bieten dem Gaumen einen tollen Kontrast zum saftigen Schmorfleisch in Sauce.

Ein gebratenes Zanderfilet ist eine Delikatesse. Um ihm den farblichen Rahmen zu geben, empfehle ich die Teriyaki-Glasnudelnester von Seite 71. Sie sind schnell zubereitet, farbenfroh und passen zudem geschmacklich hervorragend zu gebratenem Fisch.

Sie sehen: Mit wenigen Handgriffen kann die perfekte Beilage so ziemlich jedes Essen in ein echtes Highlight verwandeln.

Tipp

Da es bei uns als Familie im Alltag auch meist schnell gehen muss und ich Eierspeisen und Halloumi liebe, gibt es viele der Beilagen oft in einer solch einfachen Variante, manchmal auch nur mit einem Blattsalat.

Beilage
das gan

n für
ze Jahr

Kartoffeln 25

Teigwaren 59

Reis, Hülsenfrüchte & Co. 77

Beilagen für das ganze Jahr

Kar toffeln

Klassisches Kartoffelpüree ist die perfekte Alltagsbeilage, besonders für **Gerichte mit Sauce**. Dazu zählen etwa **Gulasch**, **Geschnetzeltes**, **gebratener sowie gedämpfter Fisch** oder **Rahmgemüse**. Das Püree wird vor allem durch die richtige Kartoffelsorte perfekt. Mehligkochende Sorten, wie Bintje, Ackersegen, Gunda, Melba oder Augsburger Gold, sind einige Vertreter. Schauen Sie auf lokalen Märkten nach diesen Sorten.

Bunte Kartoffelpürees – Erbse, Rote Bete, Spinat, Kurkuma

Für 4 Personen
Zubereitungszeit 45 Minuten
Garzeit ca. 30 Minuten

FÜR DAS KARTOFFELPÜREE (GRUNDREZEPT)

1 kg mehligkochende Kartoffeln
250 ml Vollmilch plus etwas mehr zum Servieren
50 g Butter
frisch geriebene Muskatnuss

FÜR DAS ERBSENPÜREE

1 Schalotte
100 g TK-Erbsen
1 TL Butter
30 ml Gemüsebrühe

FÜR DAS ROTE-BETE-PÜREE

1 vorgegarte kleine Knolle Rote Bete (vakuumverpackt) plus 4 EL im Vakuumpack enthaltener Rote-Bete-Saft

Für das Kartoffelpüree die Kartoffeln waschen, schälen, in Stücke schneiden und knapp mit Wasser bedeckt in 25–30 Minuten gar kochen. Inzwischen die Milch mit der Butter in einem Topf aufkochen, kräftig mit Salz und Muskat würzen. Die Kartoffeln abgießen, gut ausdämpfen lassen und zweimal durch eine Kartoffelpresse in eine Schüssel drücken. Die Milch-Butter-Mischung zugeben und locker unter die Kartoffeln heben, ohne allzu viel zu rühren. Das Püree nach Bedarf mit zusätzlich Salz und Muskat abschmecken. Während die Kartoffeln garen, die Gemüsepürees zubereiten.

Für das Erbsenpüree die Schalotte abziehen und würfeln. Die Erbsen mit den Schalotten in der Butter in einem Topf anschwitzen. Die Brühe aufgießen und alles abgedeckt 5–7 Minuten köcheln lassen. Die Erbsen mit dem Sud fein pürieren, mit Salz würzen und beiseitestellen.

Für das Rote-Bete-Püree die Rote Bete würfeln und mit dem Saft fein pürieren. Die Mischung in einem Topf erhitzen und mit Salz sowie Pfeffer würzen. Dann beiseitestellen.

Fortsetzung: Bunte Kartoffelpürees – Erbse, Rote Bete, Spinat, Kurkuma

FÜR DAS SPINATPÜREE
75 g junger Blattspinat (Babyspinat)
25 ml Gemüsebrühe

FÜR DAS KURKUMAPÜREE
1,5 TL Kurkumapulver
1 Msp. Cayennepfeffer
50 g süße Sahne

AUSSERDEM
Salz
frisch gemahlener Pfeffer

Für das Spinatpüree den Spinat waschen, trockentupfen, verlesen. Den Spinat mit der Brühe aufgießen und kurz aufkochen. Anschließend die Mischung in ein hohes Gefäß umfüllen, fein pürieren und beiseitestellen.

Für das Kurkumapüree das Kurkumapulver, Cayennepfeffer sowie 1 Prise Salz mit der Sahne in einem kleinen Topf erwärmen und verrühren. Danach die Mischung beiseitestellen.

Das fertige Kartoffelpüree auf fünf Schalen verteilen, davon eine Schale beiseitestellen und mit einem zusätzlichen Schuss Milch verrühren. In die anderen vier der Schalen jeweils eine der vorbereiteten Mischungen unter je eine Portion Kartoffelpüree heben, dabei nur wenig rühren, damit das Püree locker bleibt. Die vier bunten Pürees sowie das beiseitegestellte als klassisches Kartoffelpüree sofort heiß servieren.

ALS HAUPTSPEISE
Locker untergehobene Gemüsepürees, gehackte Kräuter, Gewürze, geriebener Meerrettich oder geröstete Nüsse geben jedem Kartoffelpüree das gewisse Etwas und machen es mit einem einfachen Blattsalat und einem Spiegelei zu einer gelungenen Hauptspeise.

Vegane Süßkartoffelgnocchi

Für 4 Personen
Zubereitungszeit 20 Minuten
Garzeit ca. 30 Minuten

1 kg Süßkartoffeln
Salz
½ TL Kreuzkümmelpulver
1 TL edelsüßes Paprikapulver
50 g Kichererbsenmehl
120 g Weizenmehl Type 405
150 g Hartweizengrieß plus mehr zum Bearbeiten
2 EL Kokosöl
½ unbehandelte Zitrone
1 TL geröstete Sesamsaat
Chilifäden zum Servieren

Die Süßkartoffeln waschen, schälen, in Stücke schneiden und knapp mit Wasser bedeckt in 20 Minuten gar kochen. Anschließend abgießen und gut ausdämpfen lassen. Dann mit einer Gabel fein zerdrücken.

1 TL Salz, Kreuzkümmel, Paprikapulver, Kichererbsenmehl, Mehl und Grieß in einer Schüssel vermischen. Die Mischung zu den Süßkartoffeln geben und alles rasch zu einem Teig vermengen, ohne allzu viel zu kneten. Den noch weichen Teig abgedeckt 15–20 Minuten ruhen lassen.

Nach der Teigruhe aus der Süßkartoffelmasse auf der großzügig mit Grieß bestreuten Arbeitsfläche vier Rollen formen. Davon mit einer Teigkarte 2 cm breite Gnocchi-Stücke abstechen. Der Teig ist eher weich und wird nach dem Garen schön bissfest.

Reichlich Wasser in einem Topf zum Kochen bringen, gut salzen und die Gnocchi darin am Siedepunkt garen, bis sie nach oben steigen.

Inzwischen das Kokosöl in einer Pfanne schmelzen. Die Zitrone heiß waschen, gründlich trockentupfen und die Schale in das Kokosöl reiben.

Die fertig gegarten Gnocchi mit einer Schaumkelle aus dem Wasser heben, gut abtropfen lassen und im Zitronen-Kokos-Öl anbraten. Auf Tellern anrichten und mit Sesam sowie einigen Chilifäden bestreut servieren.

TIPP
Anstelle des Kokosöls passen auch natives Bio-Palmöl, geröstetes Sesamöl oder ganz klassisch Butter (dann vegetarisch).

Die bissfesten und aromatischen Gnocchi sind wegen ihrer wunderschönen Farbe ein echter Hingucker. Servieren Sie sie **zu würzigen Braten**, **Hackfleischbällchen in Tomatensauce**, **gebratenem Gemüse** oder als Topping **auf einem geschmacksintensiven Salat**, wie **Radicchio**, **Endivie** oder **Chicorée**.

Knusprig gebackene Kartoffeln sind eine der beliebtesten **Beilagen zum Grillen**, aber auch **zu kurz gebratenem Fleisch**, **Fisch aus dem Ofen** oder **Buletten**.

Kräuter-Knusperkartoffeln

Für 4 Personen
Zubereitungszeit 20 Minuten
Garzeit 40 Minuten

750 g kleine, runde festkochende Kartoffeln (Sorte Drillinge)
1 Bund glatte Petersilie
5 Zweige Thymian
2 Zweige Rosmarin
80 g Parmesan
4 EL Pankobrösel
70 ml Olivenöl

Die Kartoffeln waschen und in der Schale knapp mit Wasser bedeckt in einem Topf in 20 Minuten gar kochen.

Inzwischen ein Backblech mit Backpapier auslegen. Die Petersilie, Thymian und Rosmarin waschen, trockentupfen, die Blätter bzw. Nadeln abzupfen und hacken. Den Parmesan reiben. Den Backofen auf 200 °C Ober-/Unterhitze vorheizen.

Die fertig gegarten Kartoffeln abgießen und auf das vorbereitete Backblech geben. Mit dem Boden eines stabilen Glases die Kartoffeln platt drücken. Kräuter, Parmesan und Pankobrösel in einer Schale mischen. Die Mischung gleichmäßig über die Kartoffeln streuen und mit dem Olivenöl beträufeln.

Die Kartoffeln im vorgeheizten Backofen 20 Minuten überbacken.

Die knusprig gebackenen Kartoffeln auf einer Platte anrichten und servieren.

ALS HAUPTSPEISE
Mit Kräuterquark und Salat machen sie sich sehr gut als Hauptspeise.

Die Bällchen kann man wie Knödel klassisch **zum Sonntagsbraten**, ob mit Fleisch oder vegetarisch, **zu Pilzrahm**, **geschmorten Karotten**, **Gulasch** sowie **Geschnetzeltem** reichen.

Blaue Kartoffelbällchen

Für 4 Personen
Zubereitungszeit 20 Minuten
Garzeit 45 Minuten

500 g blaue Kartoffeln (Sorte Blaue Anneliese, Blue Star oder Vitelotte Noire)
1 Ei
1 Eigelb
75 g Kartoffelstärke
Salz
frisch geriebene Muskatnuss
1 Bund Schnittlauch
50 g Butter

Die Kartoffeln waschen und als Pellkartoffeln knapp mit Wasser bedeckt in einem Topf in etwa 45 Minuten weich kochen (möglichst die Kartoffeln nicht mit dem Messer anstechen, da die blaue Farbe wasserlöslich ist). Anschließend abgießen und abkühlen lassen.

Die erkalteten Kartoffeln pellen und über die feine Seite der Küchenreibe in eine Schüssel reiben. Das Ei, das Eigelb, die Kartoffelstärke, 1 leicht gehäuften TL Salz und etwas Muskatnuss zugeben und die Zutaten rasch zu einem Teig vermengen.

Den Teig zu einer Rolle formen, in 20 Stücke teilen und diese zu Bällchen formen. Diese in reichlich siedendem, gut gesalzenem Wasser in einem Topf knapp 10 Minuten garen. Beim Garen im Wasser werden die Bällchen zunächst blass, das spätere Anbraten bringt die intensive Farbe zurück.

Den Schnittlauch waschen, trockentupfen und klein schneiden. Die Butter in einer Pfanne schmelzen. Die fertig gegarten Bällchen aus dem Wasser heben, gut abtropfen lassen und in der Butter anbraten. Zuletzt den Schnittlauch unterschwenken und die Bällchen servieren.

ALS HAUPTSPEISE
Mit ihrer ungewöhnlichen Farbe sind sie auch solo mit Ofengemüse und einem Joghurtdip perfekt.

Schnitzel, **Buletten**, **Spiegelei** sind klassische Gerichte, die mit Bratkartoffeln serviert werden. Die würzigen Röstaromen der Bratkartoffeln vertragen sich außerdem **mit zahlreichen Gemüsesorten**, ob gedünstet oder in Rahm.

Minibratkartoffeln

Für 4 Personen
Zubereitungszeit 20 Minuten plus am Vortag Kartoffeln vorkochen
Garzeit 40 Minuten

800 g festkochende Kartoffeln (Sorte Bamberger Hörnchen oder La Ratte)
2 EL Rapsöl
100 g Frühstücksspeck (optional)
2 Schalotten
4 Stängel Kerbel
1 EL Butter
Salz
frisch gemahlener Pfeffer

Am Vortag die Kartoffeln in der Schale waschen, knapp mit Wasser bedeckt in einem Topf zum Kochen bringen und in 20–25 Minuten gar kochen. Anschließend abgießen und über Nacht abkühlen lassen.

Am nächsten Tag die Kartoffeln pellen und in gleichmäßig dicke Scheiben schneiden. 1 EL Öl in einer breiten Pfanne erhitzen. Die Hälfte der Kartoffelscheiben in einer Lage hineingeben und braun und knusprig braten, dabei ab und an wenden. Danach aus der Pfanne in eine Schale umfüllen. Die zweite Hälfte Kartoffeln im übrigen Öl ebenso braten.

Den Speck, falls verwendet, würfeln. Die Schalotten abziehen und klein würfeln. Sobald die Kartoffeln gleichmäßig gebräunt sind, den Speck zugeben und kurz mit anbraten. Dann die Schalotten hinzufügen und 1–2 Minuten mitgaren.

Den Kerbel waschen, trockentupfen und klein zupfen. Die übrigen Bratkartoffeln aus der Schale mit in die Pfanne geben. Die Butter untermischen.

Zuletzt die Bratkartoffeln mit Salz und Pfeffer würzen. In Schalen anrichten und mit Kerbel bestreut servieren.

TIPP

Die besten Bratkartoffeln entstehen aus festkochenden Kartoffeln mit einem kleinen Durchmesser. Zudem sind Bamberger Hörnchen, La Ratte oder Drillinge nach dem Erkalten glänzend und fest und lassen sich in ideale Scheiben schneiden. Beim Braten bleibt ihre Form erhalten und sie werden schön knusprig.

ALS HAUPTSPEISE

Wenn es einfach sein darf: Einige verquirlte Eier über die Bratkartoffeln gießen und als Bauernomelett genießen.

Gefüllte Kartoffelknödel

Für 4 Personen
Zubereitungszeit 30 Minuten
Garzeit 45 Minuten

FÜR DIE KNÖDEL

600 g mehligkochende Kartoffeln
2 Eigelb
50 g Weizenmehl Type 405 plus mehr zum Bearbeiten (nach Bedarf)
50 g Speisestärke plus mehr zum Bearbeiten oder Kartoffelstärke zum Bearbeiten (nach Bedarf)
frisch geriebene Muskatnuss

Für die Knödel die Kartoffeln waschen, in der Schale knapp mit Wasser bedeckt in 30–35 Minuten gar kochen.

Inzwischen für die Füllung die Pilze putzen, trocken abreiben und würfeln. Die Erdnüsse hacken. Den Koriander waschen, trockentupfen und klein hacken. Die Pilze in 1 TL Butter in einer Pfanne anschwitzen, leicht salzen und offen garen, bis die ausgetretene Flüssigkeit verdampft ist. Erdnüsse und Koriander zu den Pilzen geben und kurz zusammen erhitzen. Dann mit Salz sowie Pfeffer würzen und alles vermengen. Die Füllung zum Abkühlen beiseitestellen.

Die fertig gegarten Kartoffeln abgießen, noch heiß halbieren und mit der Schnittfläche nach unten in eine Kartoffelpresse legen. Durchpressen und die Schalenreste entfernen. Das Eigelb, das Mehl und die Speisestärke zur Kartoffelmasse hinzufügen. 1 TL Salz und 2–3 Prisen Muskat zugeben und alles rasch zu einem Teig zusammenfügen, dabei nicht kneten, sondern mit einem Holzlöffel von außen zur Mitte drücken, bis alles gleichmäßig vermengt ist. Der Teig sollte sich trocken anfühlen, nach Bedarf etwas mehr Mehl untermengen.

Die Knödel sind eine klassische Beilage zu allen **Fleischgerichten, die in Sauce geschmort** werden. Der Kartoffelteig nimmt die Sauce besonders gut auf. Auch alle **vegetarischen oder veganen Alternativen zu Braten** können zu den Knödeln serviert werden. Durch die Füllung harmonieren die Knödel generell hervorragend mit intensiv gewürzten Gerichten.

Fortsetzung: Gefüllte Kartoffelknödel

FÜR DIE FÜLLUNG

250 g braune Champignons
2 EL Erdnusskerne (ersatzweise Hasel-, Walnuss- oder Cashewkerne)
4 Stängel Koriander
50 g Butter

AUSSERDEM

Salz
frisch gemahlener Pfeffer
4 EL Pankobrösel oder Semmelbrösel
2 EL Mohnsaat

Reichlich Wasser in einem breiten Topf zum Kochen bringen und anschließend gut salzen. Die Knödelmasse in zwölf gleich große Stücke teilen, jeweils in den Händen rund formen und mittig eine Vertiefung mit dem Finger hineindrücken. Je 1 TL Pilzfüllung dorthinein geben, die Knödelmasse wieder verschließen und in den Händen rund rollen. Nach Bedarf die Hände leicht mit Kartoffel- oder Speisestärke bemehlen.

Einen Probeknödel in dem breiten Topf garen. Sollte der Knödel sich im Wasser auflösen, die restlichen in Stärke wenden, bevor sie ins Wasser kommen. Sie bildet eine schützende Schicht.

Die Knödel im leicht siedenden Kochwasser 15 Minuten garen. Die übrige Butter in einer Pfanne aufschäumen und die Panko- oder Semmelbrösel darin leicht bräunen. Danach den Mohn zugeben.

Die fertig gegarten Knödel mit einer Schaumkelle aus dem Wasser heben, in der Mohn-Brösel-Butter wenden und servieren. Übrige Füllung dazu servieren.

Kartoffelstrudel

Für 4 Personen
Zubereitungszeit 30 Minuten
Garzeit 45 Minuten

400 g vorwiegend festkochende Kartoffeln
Salz
2 Zwiebeln
2 Knoblauchzehen
3 EL Olivenöl
2 TL Zatar (orientalische Gewürzmischung mit Sumach, Thymian und Sesam)
1 TL edelsüßes Paprikapulver
1 Ei
2 EL Crème fraîche
frisch gemahlener Pfeffer
ca. 100 g Butter
4 Blätter frischer Strudelteig (aus dem Kühlregal)
1 Eigelb
2 EL Milch
1 TL Schwarzkümmel

Die Kartoffeln waschen, schälen und klein würfeln. In wenig Wasser mit 1 Prise Salz in einem Topf 15 Minuten garen.

Inzwischen die Zwiebeln und den Knoblauch abziehen und würfeln. Das Olivenöl in einer Pfanne erhitzen, Zwiebeln und Knoblauch darin anschwitzen. Anschließend Zatar und Paprikapulver zugeben, kurz erhitzen und die Pfanne vom Herd nehmen.

Die fertig gegarten Kartoffeln abgießen, ausdämpfen lassen und danach zur Zwiebel-Knoblauch-Mischung hinzufügen. Ei, Crème fraîche, 1 TL Salz und etwas Pfeffer zugeben und alles vermengen.

Den Backofen auf 200 °C Ober-/Unterhitze vorheizen. Die Butter in einem Topf schmelzen. Eine Lage Strudelteig auf der Arbeitsfläche auslegen, mit etwas Butter bestreichen und das zweite Teigblatt darauflegen. Die übrigen Teigblätter ebenfalls mit Butter bestreichen und übereinanderlegen. Dann die Kartoffelmasse an der langen Seite des Strudelteigs verteilen. Die Seiten einschlagen und den Teig zu einem Strudel aufrollen.

Den Strudel auf ein mit Backpapier ausgelegtes Backblech legen. Das Eigelb mit der Milch verrühren und den Strudel damit einstreichen. Zuletzt den Schwarzkümmel darüberstreuen und den Strudel im vorgeheizten Backofen 30–35 Minuten backen.

Anschließend den Strudel in Stücke schneiden und servieren.

ALS HAUPTSPEISE

Probieren Sie ihn auch unbedingt als Hauptbestandteil zu gedünstetem Gemüse, wie Spinat, Karotten oder Blumenkohl, mit einer leichten Rahmsauce.

Dieser Strudel passt perfekt **zu gebratenem, geschmortem oder gegrilltem Fleisch**, ebenso zu zahlreichen **Fisch**zubereitungen. Er ist innen saftig und weich und außen wunderbar knusprig.

Traditionell gehört zu den Kartoffel-Zwiebel-Apfel-Spießen **Blutwurst**. Wenn Sie das mögen, verwenden Sie eine Sorte, die man in der Pfanne braten kann. Ansonsten sind die Spieße sowohl eine gute **Grillbeilage** als auch perfekt **zu gebratenem oder gedünstetem Fisch**. Durch die Süße des Apfels harmonieren sie außerdem mit gebratener **Leber** oder mit **Wildgerichten**.

»Himmel und Erd«-Spieße

Für 4 Personen
Zubereitungszeit 25 Minuten
Garzeit 20 Minuten

6–8 kleine festkochende Kartoffeln
5 blaue Kartoffeln (Sorte Blaue Anneliese, Blue Star oder Vitelotte Noire)
2 kleine Zwiebeln
2 Äpfel
5 EL Olivenöl
1 TL getrockneter Majoran
1 TL edelsüßes Paprikapulver
Salz
1 kleine Knoblauchzehe
frisch gemahlener Pfeffer

Beide Kartoffelsorten waschen und mit Schale in zwei Töpfen separat in 20–30 Minuten, je nach Sorte und Größe, fast gar kochen.

Die Zwiebeln abziehen und vierteln. Die Äpfel waschen, vierteln, entkernen und in größere Stücke schneiden. Die fast fertig gegarten Kartoffeln abgießen, etwas abkühlen lassen und dann in mundgerechte Stücke schneiden.

Den Backofen auf 220 °C Ober-/Unterhitze vorheizen. Kartoffeln, Zwiebeln und Apfelstücke abwechselnd auf Holzspieße stecken. Ein Backblech mit Backpapier auslegen und die Spieße darauf verteilen.

Eine Marinade zubereiten. Dazu das Olivenöl mit Majoran, Paprikapulver und 2 Prisen Salz in eine Schüssel geben. Den Knoblauch abziehen und dazureiben. Alles zu einer Marinade verrühren.

Die Spieße damit einstreichen und im vorgeheizten Backofen etwa 20 Minuten garen. Anschließend mit Pfeffer würzen und heiß servieren.

ALS HAUPTSPEISE
Solo mit Kräuterquark und einem würzigen Pesto wird aus den Spießen ein schnelles Hauptgericht.

Kartoffel-Sellerie-Stampf mit Raucharoma

Für 4 Personen
Zubereitungszeit 45 Minuten
Garzeit 20 Minuten

400 g mehligkochende Kartoffeln
1 mittelgroße Knolle Sellerie (ca. 600 g)
Salz
½ unbehandelte Zitrone
250 g süße Sahne
1 Knoblauchzehe
2 EL Butter
Rauchsalzflocken
frisch gemahlener Pfeffer

Die Kartoffeln und den Sellerie waschen, schälen, in grobe Stücke schneiden und jeweils getrennt knapp mit leicht gesalzenem Wasser bedeckt in zwei Töpfen gar kochen. Anschließend abgießen, gut ausdämpfen lassen und in einen breiten Topf füllen.

Die Zitrone heiß waschen, gründlich trockentupfen und die Schale fein abreiben. Die Sahne in einem Topf aufkochen. Den Knoblauch abziehen, dazureiben und die Mischung 5 Minuten leise köcheln lassen. Dann die Butter zugeben. Zuletzt mit dem Rauchsalz, etwas Pfeffer und der Zitronenschale kräftig würzen.

Die Sahnemasse zu den Kartoffeln und dem Sellerie in den breiten Topf geben. Alles mit dem Kartoffelstampfer zu einem groben Stampf verarbeiten.

Den Stampf in Schalen anrichten und mit einigen Rauchsalzflocken bestreut servieren.

Würzig und cremig zugleich ist der Stampf ein guter Begleiter **zu Wild** und **dunklem Fleisch wie Rind oder Lamm**. Gerichte mit kräftigen Aromen von Wacholder, Zimt, Sternanis, würzigen Pfeffersorten oder Vanille passen ausgezeichnet zum Kartoffel-Sellerie-Stampf. Und auch wenn man zum Grillen meist nicht zuerst auf Kartoffelstampf als Beilage kommen würde, ist dieser hier genial **zu allem Gegrillten – ob Fisch, Fleisch oder Gemüse**.

Rahmgeschnetzeltes, **Rahmpilze**, **Ofengemüse mit einem Dip** passen jedoch ebenso gut zu dieser einfachen Beilage wie **würzige Braten** oder **Fischfilets in Sauce**.

Krosse Kartoffelrösti

Für 4 Personen
Zubereitungszeit 20 Minuten
Garzeit ca. 15 Minuten

6 große festkochende Kartoffeln
1–2 EL Speisestärke
Salz
4 EL Olivenöl
frisch gemahlener Pfeffer
2 EL Butter

Die Kartoffeln waschen, schälen und mit einem Spiralschneider in dünne lange »Spaghetti« schneiden. Die Kartoffelstreifen für einige Minuten in eine Schüssel in kaltes Wasser legen. Anschließend abgießen und auf einem Küchentuch gründlich trockentupfen. Die Kartoffeln leicht mit Stärke bestreuen.

Den Backofen auf 60 °C Ober-/Unterhitze vorheizen. Zwei kleine Pfannen (18 cm Durchmesser) erhitzen. Jeweils 1 TL Öl hineingeben, ein Viertel der Kartoffelstreifen darin etwas andrücken. Bei mittlerer Temperatur braun braten, dann wenden und auf der zweiten Seite ebenso braten. Die Rösti mit Salz und Pfeffer würzen, je 1 TL Butter zugeben und die Rösti darin wenden. Zwei weitere Rösti wie beschrieben braten, die übrigen Rösti im vorgeheizten Backofen warm stellen.

Zum Anrichten die Rösti auf Teller legen und servieren.

TIPP
Werden die Rösti mit anderen Komponenten zusammen auf einem Teller serviert, dann die Komponenten nur auf einer Hälfte der Rösti oder daneben anrichten. So bleiben die nicht bedeckten Rösti knusprig und die schöne Struktur sichtbar.

ALS HAUPTSPEISE
Rösti, ob klassisch aus geraspelten Kartoffeln oder wie hier aus dünnen Kartoffelstreifen, vereinen sich hervorragend mit Feldsalat, Crème fraîche und Räucherlachs zu einer harmonischen Einheit.

So ein würziges, cremiges Kartoffelragout, gerne mit Quitten oder Nashibirne zubereitet, passt hervorragend **zu kurz gebratenem Fleisch**, wie **Steaks**, **Braten ohne zusätzliche Sauce** oder **gebratener Leber**. Die Süße der Frucht verbindet sich wunderbar mit Wildaromen, wie **Reh**, **Hirsch**, **Wildschwein**, aber auch **Ente** oder **Gans**. **Karpfen** oder **Wels** sind ebenfalls geschmacklich gute Partner zu dieser Beilage. Alles in allem mein Winterfavorit.

Kartoffel-Birnen-Ragout

Für 4 Personen
Zubereitungszeit 20 Minuten
Garzeit 25 Minuten

500 g festkochende Kartoffeln
2 EL Olivenöl
2 Birnen
150 ml Gemüsebrühe
150 g süße Sahne
2 Stängel Salbei
2 EL Butter
2 EL Mandelkerne mit Schale
Salz
frisch gemahlener Pfeffer
frisch geriebene Muskatnuss
1 TL Pul Biber (Paprikaflocken; mild oder scharf)

Die Kartoffeln waschen, schälen und gleichmäßig würfeln. Im heißen Olivenöl in einer Pfanne braun braten.

Inzwischen die Birnen waschen, schälen, halbieren und entkernen. Das Fruchtfleisch wie die Kartoffeln würfeln, mit in die Pfanne geben und 3–4 Minuten mit anbraten.

Danach die Gemüsebrühe und die Sahne angießen. Abgedeckt bei mittlerer Temperatur etwa 10 Minuten köcheln lassen. Anschließend offen sämig zu einem Ragout einkochen lassen.

In der Zwischenzeit den Salbei waschen, gründlich trockentupfen und die Blätter abzupfen. Die Blätter in der Butter in einer Pfanne anbraten. Die Mandeln grob hacken und zum Salbei geben.

Das Ragout mit Salz, Pfeffer und Muskat würzen. Auf Tellern anrichten, die Salbei-Mandel-Mischung sowie 1 Prise Pul Biber darüber verteilen und servieren.

Annakartoffeln sind ein Klassiker der gutbürgerlichen Küche und leider etwas in Vergessenheit geraten. Warum ich sie so mag? Die Zutaten dafür hat man meist zu Hause, sie sind wirklich schnell zubereitet und brauchen nur wenige Handgriffe. Geschmacklich sind sie eine gelungene Mischung aus Bratkartoffeln und Kartoffelgratin. Servieren Sie die Annakartoffeln **zu allem, was Sie gerne mögen, ob gebraten, gekocht, geschmort oder gegrillt**. Am besten natürlich mit einer würzigen Sauce.

Annakartoffeln

Für 4 Personen
Zubereitungszeit 20 Minuten
Garzeit 30 Minuten

ca. 10 mittelgroße festkochende Kartoffeln
100 g Butter (ersatzweise eine Mischung aus 50 g Butter und 50 ml Olivenöl)
Salz

Den Backofen auf 180 °C Ober-/Unterhitze vorheizen.

Die Kartoffeln waschen, schälen und in dünne Scheiben hobeln. Die Butter in einem Topf schmelzen und vom Herd nehmen.

Vier Auflaufformen dünn mit Butter einfetten. Je eine Lage Kartoffelscheiben fächerförmig in die Formen legen und gründlich mit Butter einstreichen. Eine zweite Schicht Kartoffeln daraufgeben und ebenfalls mit Butter bestreichen.

Die Annakartoffeln im vorgeheizten Backofen in 25–30 Minuten knusprig backen. Anschließend sofort servieren.

Kürbiskern-Kartoffel-Kipferl

Für 4 Personen
Zubereitungszeit 40 Minuten
Garzeit 30 Minuten

600 g mehligkochende Kartoffeln
2 Eigelb
Salz
frisch geriebene Muskatnuss
100 g Weizenmehl Type 405 plus mehr zum Bearbeiten
50 g Kürbiskerne
100 g Semmelbrösel
2 Eier
2 EL Milch
500 ml Speiseöl

Die Kartoffeln waschen, schälen, knapp mit Wasser bedeckt in einem Topf in etwa 25 Minuten gar kochen. Anschließend abgießen, gut ausdämpfen lassen und durch eine Kartoffelpresse in eine Schüssel pressen.

Das Eigelb, 1 TL Salz, 2–3 Prisen Muskatnuss und das Mehl zugeben und alles rasch zu einem Teig zusammenfügen. Die Kartoffeln dabei nicht kneten, eher übereinanderschlagen. Nach Bedarf noch etwas Mehl untermischen, falls der Teig noch zu stark klebt.

Die Kürbiskerne hacken oder in der Küchenmaschine mahlen. Mit den Semmelbröseln in einer flachen Schale mischen. Die ganzen Eier in einer zweiten Schale mit der Milch verquirlen. Etwa 5 EL Mehl in einer dritten Schale bereitstellen.

Den Kartoffelteig auf der leicht bemehlten Arbeitsfläche zu einer langen Rolle formen und in 20 Stücke teilen. Aus jedem Stück ein Kipferl formen.

Das Öl in einen Topf geben und auf 160–170 °C erhitzen. Die Kipferl jeweils zunächst in Mehl wenden, dann durch die Ei-Milch-Mischung ziehen und zuletzt in den Kürbiskernbröseln panieren. Die Kipferl portionsweise im heißen Öl in 2–3 Minuten goldbraun und knusprig frittieren.

Anschießend die Kipferl in einem Sieb abtropfen lassen und heiß servieren.

Die Kipferl sind zugegeben eine eher aufwendige Beilage. Daher empfehle ich, sie eher zu besonderen Anlässen, beispielsweise einem Festessen, zu servieren. Zusammen mit einem **geschmorten Wildbraten**, der **Gans** zu Weihnachten oder dem **Lammbraten** zu Ostern bekommen sie ihren Auftritt. Wenn Sie sie einmal probiert haben, werden Sie die Kipferl automatisch öfter machen, denn es ist sehr schwer, dieser knusprig-nussigen Kartoffelbeilage zu widerstehen.

Beilagen für

das ganze Jahr

Teig waren

Soufflé ist die Königin unter den Beilagen, fürstlich serviert **mit gebratenen Waldpilzen** und **zartem Filet vom Reh, Hirsch oder Rind**.

Parmesansoufflé

Für 4 Personen
Zubereitungszeit 30 Minuten
Garzeit 30 Minuten

50 g Butter plus mehr für die Förmchen
50 g Weizenmehl Type 405 plus mehr für die Förmchen
1 Zweig Rosmarin
200 ml Milch
Salz
4 Eier
100 g Parmesan, frisch gerieben
frisch gemahlener Pfeffer
frisch geriebene Muskatnuss

Vier Souffléförmchen mit Butter einfetten und mit Mehl ausstreuen. Überschüssiges Mehl wieder gründlich ausklopfen, die Förmchen sollen nur mit einer dünnen, gleichmäßigen Schicht Mehl versehen sein. Die Förmchen kalt stellen. Den Backofen auf 200 °C Ober-/Unterhitze vorheizen.

Den Rosmarin waschen, trockentupfen und fein hacken. Die Milch mit 1 TL Salz und dem Rosmarin aufkochen und danach beiseitestellen. Die Butter in einem Topf schmelzen und das Mehl einrühren. Dann die Rosmarinmilch langsam zugeben und klümpchenfrei unterrühren.

Die Masse unter Rühren 2–3 Minuten abbrennen und anschließend in eine Schüssel umfüllen. Lauwarm abkühlen lassen, dabei gelegentlich umrühren. So bildet sich keine Haut und der heiße Dampf kann entweichen.

Die Eier trennen. Das Eiweiß mit 1 Prise Salz in der Küchenmaschine steif schlagen. Das Eigelb, den Parmesan, 2–3 Prisen Pfeffer und Muskatnuss unter die Brandmasse rühren. Den Eischnee in vier Portionen unter die Masse heben.

Die Soufflémasse in die vorbereiteten Förmchen füllen. Die Soufflés im vorgeheizten Backofen auf dem Backofengitter 20 Minuten garen, die Ofentür während dieser Zeit nicht öffnen.

Die Soufflés in den Förmchen nach dem Backen mit Ofenhandschuhen herausnehmen, auf kleine Teller stellen und sofort servieren.

ALS HAUPTSPEISE
Oder Sie reichen dieses Soufflé einfach, weil mehr nicht nötig ist, zu einem Blattsalat mit Roter Bete, Walnüssen und Birne.

Knöpfle und Spätzle sind DIE Beilage im Süden Deutschlands. Sie brauchen natürlich Sauce – in Form von **Gulasch**, **Geschnetzeltem mit Rahm**, mit **Fleisch**, **Geflügel** oder nur aus **Pilzen**. Auch **geschmorte Braten** vom **Rind**, **Schwein** oder **Wildbret** sind gute Begleiter.

Haselnuss-Knöpfle

Für 4 Personen
Zubereitungszeit 30 Minuten
Garzeit 20 Minuten

400 g doppelgriffiges Spätzlemehl (ersatzweise 350 g Weizenmehl Type 405 mit 50 g Hartweizengrieß gemischt)
5 Eier
ca. 50 ml Sprudelwasser
Salz
frisch geriebene Muskatnuss
75 g Haselnusskerne
1 Zweig Rosmarin
50 g Butter
2 EL getrocknete Cranberrys
frisch gemahlener Pfeffer

Das Spätzlemehl in einer Schüssel mit den Eiern, dem Sprudelwasser, 1 TL Salz und 2 Prisen Muskatnuss mit einem Holzlöffel (alternativ in der Küchenmaschine) verrühren. Den Teig etwa 5 Minuten lang kräftig schlagen bzw. rühren.

Reichlich Wasser in einem Topf zum Kochen bringen und kräftig salzen. Den Knöpfleteig portionsweise mit dem Spätzlehobel in das kochende Wasser schaben und den Herd auf mittlere Temperatur zurückschalten. Das Wasser aufwallen lassen; sobald die Spätzle an die Oberfläche steigen, mit einer Schaumkelle aus dem Wasser heben und in eine Schale geben.

Die Haselnüsse hacken. Den Rosmarin waschen, trockentupfen, die Nadeln abstreifen und hacken. Die Butter in einer Pfanne schmelzen. Die Haselnüsse und den Rosmarin darin anrösten und die Butter bräunen.

Die Spätzle in der heißen Haselnussbutter schwenken. Zuletzt die Cranberrys hinzufügen und alles mit Salz sowie Pfeffer würzen. Die Knöpfle in einer Schale servieren.

ALS HAUPTSPEISE
Zur Resteverwertung übrig gebliebene Knöpfle oder Spätzle anbraten, ein Ei darübergeben und mit Salat servieren.

Außen knusprig, innen würzig und saftig, passen diese feinen Röllchen **zu gebratenem oder gedämpftem Fisch** und **Geflügel**, **gebratenem Tofu** und vielen weiteren vegetarischen Fleischersatzprodukten.

Gemüsefrühlingsröllchen

Für 4 Personen
Zubereitungszeit 30 Minuten
Garzeit 5 Minuten

2 Karotten
1 dünne Stange Lauch
1 Zucchini
1 Schalotte
1 Knoblauchzehe
1 EL Olivenöl
Salz
frisch gemahlener Pfeffer
100 g Feta (Schafskäse)
4 Stängel Petersilie
1 Ei
2 EL Semmelbrösel
ca. 20 Blätter Frühlingsrollenteig
Speiseöl zum Frittieren

Die Karotten, den Lauch und die Zucchini waschen, putzen bzw. schälen und raspeln. Die Schalotte und den Knoblauch abziehen und würfeln. Alles zusammen im heißen Olivenöl in einer Pfanne 2–3 Minuten anschwitzen. Dann kräftig salzen und pfeffern. Zum Abkühlen beiseitestellen.

Anschließend den Feta auf der groben Seite der Gemüsereibe zum Gemüse raspeln oder klein darüber zerbröckeln. Die Petersilie waschen, trockentupfen und hacken. Die Gemüse-Feta-Masse mit Petersilie, Ei und Semmelbröseln vermengen.

Die Frühlingsrollenblätter einzeln auf der Arbeitsfläche auslegen. Jeweils etwas der Gemüse-Feta-Masse mittig im unteren Drittel eines Blatts verteilen. Die Seiten zur Mitte hin einschlagen und das Blatt von unten nach oben aufrollen. So fortfahren, bis Füllung und Teigblätter aufgebraucht sind.

Das Öl in einem Topf auf 160–170 °C erhitzen, am besten mit einem Fleischthermometer überprüfen. Die Frühlingsröllchen im heißen Fett jeweils in Portionen von drei bis vier Stück knusprig ausbacken. Anschließend aus dem Fett heben und in einem Sieb abtropfen lassen.

Die Frühlingsröllchen heiß servieren.

TIPP
Das Gericht wird mit geraspeltem Räuchertofu statt des Fetas schnell vegan; das Ei und nach Bedarf die Semmelbrösel können durch 1 EL Kichererbsenmehl ersetzt werden.

ALS HAUPTSPEISE
Die Gemüsefrühlingsröllchen sind auch eine sättigende Beigabe zu Salat.

Semmelknödelroulade

Für 4 Personen
Zubereitungszeit 30 Minuten
Garzeit 15 Minuten

150 ml Milch
250 g Semmelknödelbrot oder
250 g altbackene Brötchen
2 Stangen Lauch
Salz
3 Eier
frisch geriebene Muskatnuss
100 g Kochschinken
30 g Butter
1 Bund Petersilie

Die Milch in einem Topf erhitzen. Das Semmelknödelbrot – oder, falls verwendet, die Brötchen sehr klein gewürfelt – in einer Schüssel mit der heißen Milch übergießen. Abgedeckt 5 Minuten quellen lassen.

Inzwischen den Lauch der Länge nach halbieren und gründlich waschen. Reichlich Wasser in einem Topf zum Kochen bringen, gut salzen und die Lauchhälften darin 2 Minuten vorgaren. Anschließend in Eiswasser abschrecken, abtropfen lassen und auf einem sauberen Küchentuch trockentupfen.

Die Eier, ½ TL Salz und 1 Prise Muskatnuss zu dem/den eingeweichten Brot/Brötchen geben und vermengen. Die Knödelmasse auf einem großen Stück Frischhaltefolie ausbreiten und flach drücken. Mit dem Schinken belegen. Den Lauch in einzelne Lagen teilen und flach auf dem Schinken verteilen. Die Knödelmasse mithilfe der Folie kompakt aufrollen, dabei die Folie nicht mit einrollen. Die Rolle an den Seiten gut festdrehen und rund formen.

Von der Rolle mit einem scharfen Messer gleichmäßige, 2–3 cm breite Scheiben abschneiden und die Folie entfernen. Die Knödelscheiben in der heißen Butter in einer Pfanne bei mittlerer Temperatur von beiden Seiten braun braten.

Die Petersilie waschen, trockentupfen und hacken. Die braun gebratenen Knödelscheiben auf Tellern anrichten und mit der Petersilie bestreut servieren.

TIPP
Die Knödelroulade lässt sich auch in Folie gewickelt bis zum nächsten Tag im Kühlschrank aufbewahren und dann frisch braten. Für eine vegetarische Variante den Schinken weglassen.

ALS HAUPTSPEISE
Mit einem Salat und Rührei wird aus den Knödelscheiben ein schnelles Mittagessen.

Knödel gehören zu den traditionellsten Beilagen in unseren Breiten. Einfache Handgriffe lassen in diesem Rezept Knödel als Roulade glänzen. Reichen Sie sie **zu deftigen Fleischgerichten** und **vegetarischen Alternativen mit Sauce**. Auch **zu jeglichem Gemüse**, gerne mit Sauce, passt sie hervorragend.

Asiatisch inspirierte Speisen, ob mit Fisch, Fleisch, Geflügel oder Tofu, lassen sich mit den Glasnudelnestern prima kombinieren. Die Nester können auch als kalte Beilage, ähnlich wie ein Glasnudelsalat, serviert werden.

Teriyaki-Glasnudelnester

Für 4 Personen
Zubereitungszeit 30 Minuten
Garzeit 15 Minuten

FÜR DIE TERIYAKI-SAUCE

1 milde Chilischote
1 Stück Ingwer (2 cm, fingerdick)
1 Knoblauchzehe
50 ml Sake
100 ml Sojasauce
50 g Zucker

FÜR DIE GLASNUDELN

100 g Glasnudeln
je 2 gelbe und orangefarbene Karotten
1 Zucchini
1 EL geröstetes Sesamöl

AUSSERDEM

1 TL Sesamsaat
1 TL Schwarzkümmel
3 Stängel Koriander

Für die Teriyaki-Sauce den Chili waschen, Samen nach Belieben entfernen und die Schote hacken. Den Ingwer schälen und reiben. Den Knoblauch abziehen und hacken. Die vorbereiteten Zutaten mit Sake, Sojasauce und Zucker in einem Topf aufkochen. Bei mittlerer Temperatur in 5 Minuten sämig einkochen lassen. Dann die Sauce umfüllen und warm stellen.

Für die Glasnudeln Wasser zum Kochen bringen. Die Glasnudeln in einer Schüssel mit dem kochenden Wasser übergießen und 5 Minuten ruhen lassen. Die Karotten und Zucchini waschen, die Karotten schälen. Beides mithilfe eines Julienneschneiders (Spiralschneider, Gemüseschäler mit Julienneaufsatz, Gemüsehobel o. Ä.) in dünne Streifen schneiden. Das Gemüse mit kochendem Wasser in einem Topf 1 Minute blanchieren. Danach abgießen und kalt abschrecken. Zuletzt das Gemüse im heißen Sesamöl in einer Pfanne 3–4 Minuten anschwitzen.

Anschließend die Glasnudeln ein- bis zweimal mit einer Küchenschere teilen, zum Gemüse geben und zusammen erwärmen. Die Glasnudeln mithilfe einer Küchenzange in Nester drehen und gleichmäßig auf eine flache Platte setzen. Die Nester mit der warmen Teriyaki-Sauce beträufeln und mit Sesam, Schwarzkümmel und Korianderstängeln garniert servieren.

TIPP

Damit die Nester schön farbig werden, grüne, gelbe und orange oder rote Gemüse verwenden. Es eignen sich zusätzlich gelbe Zucchini, Lauch, Paprika oder Kürbis.

Pesto-Zupfbrot

Für 6 Personen
Zubereitungszeit 30 Minuten plus 70–75 Minuten zum Gehen
Backzeit 40 Minuten

FÜR DEN HEFETEIG

250 ml Milch
½ Würfel Hefe
500 g Weizenmehl Type 405 plus mehr zum Bearbeiten
25 g weiche Butter
1 Ei

FÜR DAS TOMATENPESTO

2 EL gehackte Mandelkerne
1 Knoblauchzehe
50 g in Öl eingelegte getrocknete Tomaten plus 100 ml Einlege-Tomatenöl (nach Bedarf fehlende Menge mit Olivenöl aufgießen)
1 TL Kapern
25 g Parmesan

AUSSERDEM

Salz
frisch gemahlener Pfeffer
Olivenöl für die Form
Semmelbrösel für die Form

Für den Teig die Milch lauwarm erwärmen und die Hefe darin auflösen. Das Mehl in eine Schüssel geben und eine Mulde formen. Die Hefemilch hinzufügen und mit einem Teil des Mehls zu einem dickflüssigen Brei verrühren. Den Vorteig abgedeckt an einem warmen Ort 10 Minuten gehen lassen.

Danach die Butter, das Ei und 1,5 TL Salz zum Vorteig geben und alles in 5 Minuten zu einem glatten, geschmeidigen Teig verkneten. Diesen abgedeckt an einem warmen Ort 45 Minuten gehen lassen.

Für das Pesto die Mandeln in einer Pfanne anrösten, umfüllen und abkühlen lassen. Den Knoblauch abziehen. Die getrockneten Tomaten, die Mandeln, den Knoblauch, die Kapern zusammen mit dem Einlege-Öl fein pürieren. Dann den Parmesan dazureiben. Zuletzt das Pesto mit Salz und Pfeffer würzig abschmecken.

Den Teig auf der leicht bemehlten Arbeitsfläche auf eine Größe von 30 x 40 cm ausrollen. Den Teig mit dem Tomatenpesto bestreichen. In 4 cm breite Streifen schneiden und diese in ca. 4 cm breite Stücke schneiden.

Eine Kranzform mit Olivenöl einfetten und nach Belieben mit Semmelbröseln ausstreuen. Die Teigstücke aufrecht stehend in die Form setzen. Abgedeckt weitere 15–20 Minuten gehen lassen. Inzwischen den Backofen auf 180 °C Ober-/Unterhitze vorheizen.

Die fertig gegangenen Teiglinge im vorgeheizten Backofen 35–40 Minuten backen.

Anschließend das Zupfbrot zum Anrichten aus der Form auf ein Brett stürzen und lauwarm servieren.

TIPP

Neben Tomatenpesto kann natürlich jedes andere Pesto verarbeitet werden.

Das Brot ist ideal als **Beilage zum Grillen**, fürs Brunchbüfett oder jedes andere Büfett mit zahlreichen anderen Speisen. Servieren Sie das Zupfbrot auf einer Tortenplatte mit Fuß, so bekommt es einen tollen Auftritt.

Fischfilet, **Fischkoteletts** oder **im Ganzen gegarte Fische** mit einer **fein säuerlichen Sauce** sind ideale Begleiter zu den Nudelschnecken. Auch **geschmortes Hähnchen** oder **Geflügelragout** passen perfekt.

Spinat-Nudel-Schnecken mit Kürbisfüllung

Für 4 Personen
Zubereitungszeit 45 Minuten
Garzeit 30 Minuten

FÜR DEN TEIG

50 g frischer Spinat
300 g Weizenmehl Type 405 plus mehr zum Bearbeiten
2 Eier
Salz

FÜR DIE FÜLLUNG

1 Hokkaidokürbis (800–1000 g)
1 Zwiebel
3 EL Olivenöl
1 TL edelsüßes Paprikapulver
1 TL getrockneter Thymian
Salz
frisch gemahlener Pfeffer
250 ml Gemüsebrühe

Für den Teig den Spinat waschen, abtropfen lassen und zusammen mit 3 EL Wasser sehr fein pürieren. Anschließend das Mehl mit den Eiern, dem Spinat und 1 TL Salz zu einem kompakten Teig verkneten. Den Teig abgedeckt bei Raumtemperatur 20 Minuten ruhen lassen.

Für die Füllung den Kürbis waschen und entkernen. Das Fruchtfleisch auf der groben Seite der Küchenreibe raspeln. Die Zwiebel abziehen und würfeln. Beides in 2 EL heißem Olivenöl in einer Pfanne anschwitzen. Zuletzt Paprikapulver, Thymian, 1 TL Salz und Pfeffer zugeben.

Den Nudelteig auf der leicht bemehlten Arbeitsfläche dünn ausrollen. Die Kürbisfüllung auf dem Teig verteilen und den Teig aufrollen. Die Rolle mit einem scharfen Messer in 5 cm breite Stücke schneiden. Das restliche Olivenöl in einer Pfanne erhitzen, die Nudelrollen hineinsetzen und anbraten.

Dann ein Drittel der Gemüsebrühe angießen und abgedeckt 25–30 Minuten leise köcheln lassen. Während des Garens die übrige Brühe in zwei Partien angießen, weiterhin abgedeckt garen. Am Ende ist die Gemüsebrühe verkocht und eine schöne Kruste entstanden. Die Nudelschnecken sofort servieren.

ALS HAUPTSPEISE

Da die Nudelschnecken eher aufwendig zuzubereiten sind, empfehle ich sie auch gern als Hauptspeise, solo mit einer Kräuterrahmsauce.

Beilagen für

das ganze Jahr

Reis, Hülsen-früchte & Co.

Cremige Gemüseperlgraupen

Für 4 Personen
Zubereitungszeit 20 Minuten
Garzeit 30 Minuten

1 Bund Suppengemüse (Karotten, Sellerie, Lauch)
2 EL Butter
Salz
200 g mittlere Perlgraupen
100 ml trockener Weißwein
1 l Gemüsebrühe
2 EL Crème fraîche
30 g Parmesan
frisch geriebene Muskatnuss
frisch gemahlener Pfeffer
2 Stängel Kerbel

Das Suppengemüse waschen, Karotten und Sellerie schälen, den Lauch putzen. Karotten, Lauch und Sellerie in feine Würfel schneiden.

Die Hälfte der Butter in einem Topf schmelzen, den Lauch zugeben, salzen und 2 Minuten anschwitzen. Anschließend den Lauch umfüllen und beiseitestellen.

Die übrige Butter in den Topf geben. Die Karotten und den Sellerie darin anschwitzen. Die Graupen in einem Sieb waschen, hinzufügen und zusammen erhitzen. Den Ansatz mit dem Weißwein ablöschen.

Dann etwa ein Drittel der Brühe angießen, zum Kochen bringen und die Graupen unter gelegentlichem Rühren 25–30 Minuten garen. Während des Garens immer wieder Brühe nachgießen, sobald diese von den Graupen aufgenommen ist.

Sind die Graupen gar, den Lauch und die Crème fraîche hinzufügen. Den Parmesan dazureiben und unterheben. Alles mit Salz und Muskat würzig abschmecken.

Den Kerbel waschen, trockentupfen und die Blättchen abzupfen. Die Gemüsegraupen in Schalen verteilen und mit Pfeffer sowie dem Kerbel bestreut servieren.

Graupen können genauso wie Reis zu Risotto zubereitet werden, mit dem Vorteil, dass sie auch über die Garzeit hinaus ihren schönen Biss behalten. Somit sind sie ideal, um sie Gästen zu servieren. Perlgraupen mit ihrem cremigen Schmelz passen sehr gut **zu gebratenem, gedünstetem Fisch** oder auch **Fisch aus dem Ofen**. Auch **Meeresfrüchte**, **Geflügel**, **Lamm**, **Rind** oder **Schwein** harmonieren perfekt.

Bei Perlcouscous handelt es sich um eine orientalische, kugelförmige Nudelsorte, gepresst aus Hartweizengrieß. Mit seinem feinen Biss bildet er eine schöne Abwechslung zu Reis oder Nudeln. Zusammen mit der würzigen Paste serviert man den Perlcouscous **zu kurz gebratenem oder gegrilltem Fleisch und Geflügel**. Und ebenfalls zu **geschmorten Gemüsesorten**, wie Aubergine oder Kürbis aus dem Ofen. Die Hauptbestandteile all dieser Gerichte sollten gut gewürzt und gerne mit reichlich intensiven Aromen gereicht werden, dann harmonieren sie ideal mit dem Couscous.

Grüner Perlcouscous

Für 4 Personen
Zubereitungszeit 20 Minuten
Garzeit ca. 15 Minuten

300 g Perlcouscous
Salz
1 Bund Koriander
½ Bund Petersilie
1 Knoblauchzehe
½ unbehandelte Zitrone
1 grüne Pfefferschote (erhältlich im türkischen Supermarkt; scharf oder mild)
½ TL Kurkumapulver
½ TL Korianderpulver
75 ml Olivenöl plus 2 EL mehr zum Anbraten
frisch gemahlener schwarzer Pfeffer
1 TL geröstete Sesamsaat

Den Perlcouscous nach Packungsangabe in Salzwasser garen. Anschließend abgießen und auflockern.

Den Koriander und die Petersilie waschen, trockentupfen und einige Korianderblättchen zum Garnieren beiseitestellen. Den Knoblauch abziehen. Die Zitrone heiß waschen und gründlich trockentupfen. Die Schale mit dem Sparschäler dünn abziehen, in schmale Streifen schneiden und beiseitestellen. Den Saft der Zitrone auspressen. Die Pfefferschote waschen, Samen entfernen und in Stücke schneiden.

Die Kräuter, den Knoblauch, den Zitronensaft, die Pfefferschote, die Gewürze, ½ TL Salz und 75 ml Olivenöl in der Küchenmaschine zu einer feinen Paste mixen.

Den Perlcouscous in 2 EL Olivenöl in einer Pfanne 2–3 Minuten anbraten. Anschließend die Kräuterpaste unterrühren, nach Bedarf mit Salz und Pfeffer abschmecken.

Zum Anrichten den Couscous auf Teller verteilen. Mit Sesam, der Zitronenschale sowie den Korianderblättchen garnieren und servieren.

Ein leckeres Risotto ist unkompliziert zuzubereiten und mit einem guten Basisrezept die beste Beilage für ein spontanes Essen. In etwa 30 Minuten steht es auf dem Tisch, frisch verfeinert und passend abgeschmeckt. Risotto wird in seiner italienischen Heimat oft als **Zwischengang** serviert. Es ist aber auch **mit Fischfilet, Geflügel oder Lamm** eine feine Kombination.

Cremiges Risotto – mit drei Toppings schnell variiert

Für 4 Personen
Zubereitungszeit 15 Minuten
Garzeit ca. 20 Minuten

FÜR DAS RISOTTO

750 ml Brühe (Sorte je nach Hauptbestandteil des Hauptgerichts)
2 Schalotten
1 Knoblauchzehe
2 EL Butter
250 g Risottoreis
120 ml trockener Weißwein
30 g Parmesan, frisch gerieben
Salz
frisch gemahlener Pfeffer

Für das Risotto die Brühe in einem Topf aufkochen und heiß stellen.

Die Schalotten und den Knoblauch abziehen und hacken. Beides in 1 EL Butter in einem Topf anschwitzen.

Den Reis zugeben, kurz mit anschwitzen und den Weißwein angießen. Den Wein unter Rühren vom Reis aufnehmen lassen. Dann nach und nach die heiße Brühe zugeben, dabei regelmäßig umrühren und bei mittlerer Temperatur köcheln lassen. Das Risotto ist, je nach Sorte und gewünschtem Biss im Reiskorn, nach etwa 16–20 Minuten fertig gegart. Daher gegen Ende der Garzeit immer wieder probieren.

Zuletzt die übrige Butter und den geriebenen Parmesan unter den Reis mischen und kräftig mit Salz sowie Pfeffer würzen.

Das Risotto in Schalen verteilen und mit einem der folgenden Toppings garniert bzw. untergemischt servieren.

Fortsetzung: Cremiges Risotto – mit drei Toppings schnell variiert

FÜR DIE PARMESANCHIPS

80 g Parmesan

FÜR DIE KNUSPRIGEN ZWIEBELRINGE

Zwiebeln
Mehl zum Wenden
Pflanzenöl zum Frittieren
Salz

FÜR TOMATE, BASILIKUM, PINIENKERNE

2 EL Pinienkerne
2–3 Stängel Basilikum
1 Handvoll Kirschtomaten
Olivenöl zum Beträufeln

FÜR DIE DREI TOPPINGS

Parmesanchips: Den Backofen auf 200 °C Ober-/Unterhitze vorheizen. Den Parmesan reiben. In kleinen Häufchen auf einem mit Backpapier ausgelegten Backblech verteilen und etwas flach drücken. Unter Aufsicht im vorgeheizten Backofen etwa 5–8 Minuten schmelzen und leicht bräunen. Anschließend die Parmesanchips abkühlen lassen und das Risotto damit toppen.

Knusprige Zwiebelringe: Eine oder mehrere Zwiebeln abziehen, in gleichmäßige, etwa 5 mm breite Ringe schneiden und diese vereinzeln. Die Ringe in Mehl wenden und in 160 °C heißem Speiseöl schwimmend in einer Pfanne ausbacken. Anschließend in einem Sieb abtropfen lassen, leicht salzen und auf das fertige Risotto geben.

Tomate, Basilikum, Pinienkerne: Die Pinienkerne in einer Pfanne bei mittlerer Temperatur rösten. Das Basilikum waschen und die Blätter abzupfen. Die Kirschtomaten (besonders hübsch sind kleine Tomaten-Beeren, aber auch verschiedenfarbige Sorten) waschen und nach Bedarf halbieren. Die Zutaten auf dem Risotto verteilen oder untermengen. Zuletzt alles mit etwas Olivenöl beträufeln.

Polenta ist eine gute Alternative zu Kartoffelpüree und kann **mit Fisch oder Fleisch, beides geschmort, gedünstet oder kurz gebraten**, serviert werden. Reichen Sie **unbedingt eine Sauce** oder anderes Reichhaltigeres dazu. Eine Sauce kann auch durch **rahmiges Gemüse** ersetzt werden.

Cremige Polenta

Für 4 Personen
Zubereitungszeit 20 Minuten
Garzeit 20 Minuten

250 ml Milch
750 ml Gemüsebrühe
Salz
200 g feine Polenta (Maisgrieß)
2 EL Kürbiskerne
3 EL Pankobrösel
2 EL Butter
50 g Parmesan
100 g süße Sahne
frisch gemahlener Pfeffer
frisch geriebene Muskatnuss
2–3 Stängel Kerbel

Die Milch, die Brühe und 1 TL Salz in einem Topf aufkochen. Die Polenta langsam unter Rühren einrieseln lassen und bei mittlerer Temperatur unter Rühren etwa 10 Minuten garen. Anschließend beiseitestellen und abgedeckt 10 Minuten ruhen lassen.

Inzwischen die Kürbiskerne auf dem Schneidbrett hacken. Die Pankobrösel und Kürbiskerne in der Butter in einer Pfanne anrösten. Leicht salzen und umfüllen.

Dann den Parmesan in die heiße Pfanne reiben und schmelzen lassen, unter Aufsicht leicht bräunen und ebenfalls umfüllen.

Die Sahne in einer Schale halbsteif schlagen. Die Polenta aufrühren, die Sahne unterheben und mit Salz, Pfeffer und Muskat würzig abschmecken.

Den Kerbel waschen, trockentupfen und die Blättchen abzupfen. Die Polenta in Schalen anrichten und mit dem Kürbiskern-Crunch bestreuen. Mit dem Kerbel garnieren und servieren.

TIPP

Fein gemahlener Maisgrieß ist für cremige Polenta gut geeignet, da sie dadurch schön cremig wird. Mittlerer und grob gemahlener Maisgrieß wird für schnittfeste Polenta verwendet.

Diese Taler schmecken besonders gut **zu Currys** oder **asiatisch gewürzten Geflügel-, Meeresfrüchte- oder Fischgerichten**. Feincremige Saucen und Ragouts verbinden sich harmonisch mit der knusprigen Kruste.

Reistaler mit Grüntee

Für 4 Personen
Zubereitungszeit 20 Minuten
Garzeit ca. 25 Minuten

3 Teebeutel grüner Tee (alternativ 3 TL loser grüner Tee)
150 g Basmatireis
Salz
4 Stängel Koriander
4 Stängel Minze
4 Stängel glatte Petersilie
1 Ei
2 TL Reisstärke oder Speisestärke
½ unbehandelte Zitrone
1 Stück Ingwer (ca. 1 cm, fingerdick)
3 EL Olivenöl
frisch gemahlener Pfeffer
1 Schale Asiatische Kresse
Chilifäden zum Servieren

Die Teebeutel öffnen und den Tee lose in einen Topf geben. Den Reis in einem Sieb waschen und zum Tee in den Topf geben. Zusammen mit 200 ml Wasser und 1 Prise Salz zum Kochen bringen. Abgedeckt bei mittlerer Temperatur 10 Minuten köcheln lassen. Anschließend den Reis vom Herd nehmen und abgedeckt 10 Minuten ausquellen lassen.

Die Kräuter waschen, die Blätter abzupfen und hacken. Den Reis etwas abkühlen lassen. Dann in einer Schüssel mit den Kräutern, dem Ei, der Reis- oder Speisestärke und ½ TL Salz vermengen. Die Zitrone heiß waschen, gründlich trockentupfen und die Schale zum Reis reiben. Den Ingwer schälen und ebenfalls zum Reis reiben. Dann alles vermengen.

Das Öl in einer Pfanne verteilen und erhitzen. Die Reismasse portionsweise im heißen Öl zu Puffern mit 5–6 cm Durchmesser braten. Dafür die Masse in einem Vorspeisenring rund formen und etwas andrücken. Die Puffer bei mittlerer Temperatur braten und gelegentlich wenden, so werden sie schön knusprig und braun. Anschließend auf Küchenpapier abtropfen lassen.

Die Kresse abschneiden. Die Reistaler mit der Kresse und Chilifäden bestreut heiß servieren.

ALS HAUPTSPEISE

Die Puffer können auch aus übrigem Reis vom Vortag gebraten und einfach mit einem Dip und Salat serviert werden.

Couscous-Türmchen

Für 4 Personen
Zubereitungszeit 20 Minuten
Garzeit 5 Minuten

250 g Couscous
½ TL Kurkumapulver
Salz
2 Schalotten
1 Knoblauchzehe
1 TL Koriandersaat
3 EL Olivenöl
50 g feine Blattsalatmischung (auch mit Kräutern und Blüten)
frisch gemahlener Pfeffer
150 g Crème fraîche
½ Zitrone
2–3 TL Walnussöl

Den Couscous in einer Schüssel mit dem Kurkumapulver und 1 Prise Salz vermischen. Mit 400 ml kochendem Wasser überbrühen und 5 Minuten zum Quellen beiseitestellen.

Die Schalotten und den Knoblauch abziehen und würfeln. Den Koriander im Mörser zerstoßen. Schalotten, Knoblauch und Koriander im heißen Olivenöl in einer Pfanne anschwitzen. Die Mischung zum Couscous geben.

Die Salatmischung verlesen, abbrausen und trockentupfen. Einige schöne Blättchen zum Garnieren beiseitestellen. Die übrigen Blätter hacken und zum Couscous hinzufügen. Zuletzt alles mit Salz und Pfeffer würzen und vermischen.

Den Couscous mit einem Esslöffel zu Nocken formen oder in einem Vorspeisenring auf einem Teller in Türmchenform bringen.

Die Crème fraîche glatt rühren. Mit 1 Prise Salz, einigen Spritzern Saft der Zitrone würzen und auf dem Couscous verteilen. Die beiseitegestellten Salatblätter locker daraufstreuen, mit dem Walnussöl beträufeln und den Couscous servieren.

TIPP FÜR EINE SCHNELLE SAUCE

Wenn Sie eine schnelle Sauce dazu brauchen: Schalotten in etwas Rot- oder Weißwein geschmort und mit hellem oder dunklem Balsamico verfeinert – das gelingt schnell und schmeckt hervorragend.

ALS VORSPEISE

Das Türmchen kann auch mit einem Rindertatar als Vorspeise serviert werden.

Vor allem **zarte Kurzbratstücke**, wie **Filet**, **Hüfte** oder **Steaks vom Rind, Lamm oder Schwein**, passen bestens zu dieser optisch edlen Form einer Beilage. Ebenso sind **Fischfilets**, **Fischbällchen**, **Seitan-Steaks** oder ein **pochiertes Ei** gute Begleiter für den Couscous.

Der Bulgur kann **zu gebratenem oder geschmortem Fleisch und Geflügel** gereicht werden, gerne mit intensiven Gewürzen und Aromen. Auch **Gemüsecurrys**, **geschmortes Gemüse** oder **gebratener Tofu** sind ideal. Als Salat passt der Grünkohl-Bulgur zudem auf jedes Büfett, zum Brunch oder zu einem Grillabend.

Grünkohl-Bulgur

Für 4 Personen
Zubereitungszeit 20 Minuten
Garzeit 20 Minuten

175 g Bulgur
Salz
300 g Grünkohl (frisch oder TK, aufgetaut)
3 Orangen
1 Zwiebel
1 Knoblauchzehe
4 EL Olivenöl
1 TL Sumach
1 EL Honig
frisch gemahlener Pfeffer
1 TL Pul Biber (Paprikaflocken; mild oder scharf)
Chilifäden (optional)

Den Bulgur in einem Sieb waschen. Mit 400 ml Wasser und 2 Prisen Salz in einem Topf zum Kochen bringen. Die Temperatur reduzieren und den Bulgur bei niedriger Temperatur 5–8 Minuten (je nach Packungsangabe) ausquellen lassen.

Den frischen Grünkohl gründlich waschen, die Blätter in kleine Stücke zupfen und die Blattrippen aussortieren. Den Grünkohl in kochendem, leicht gesalzenem Wasser 1–2 Minuten blanchieren, danach abgießen und kalt abschrecken. TK-Grünkohl nach dem Auftauen etwas ausdrücken, eventuell vorhandene Blattrippen aussortieren und die Blätter in mundgerechte Stücke schneiden. Den Grünkohl kurz in kochendes Wasser tauchen und anschließend abgießen.

Zwei Orangen so schälen, dass die gesamte weiße Haut mit entfernt ist. Das Fruchtfleisch würfeln und beiseitestellen. Den Saft der übrigen Orange auspressen.

Die Zwiebel und den Knoblauch abziehen und würfeln. Beides zusammen im heißen Olivenöl in einer Pfanne anschwitzen. Sumach, Orangensaft, Honig, etwas Salz sowie Pfeffer hinzufügen und kurz aufwallen lassen. Dann die Mischung zum Bulgur geben. Den Grünkohl hinzufügen und alles vermengen. Zuletzt mit Salz und Pfeffer würzig abschmecken.

Den Grünkohl-Bulgur in Schalen anrichten. Die beiseitegestellten Orangenwürfel, Pul Biber und optional Chilifäden darüber verteilen und servieren.

Weißes Bohnenpüree mit Zitrone, Salbei und Tomaten

Für 4 Personen
Zubereitungszeit 30 Minuten
Einweichzeit: über Nacht
Garzeit ca. 90 Minuten

350 g weiße Bohnenkerne
½ unbehandelte Zitrone
1 Lorbeerblatt
2 Knoblauchzehen
Salz
5 EL Olivenöl
etwas Gemüsebrühe (nach Bedarf)
2 Stängel Salbei
3 getrocknete Tomatenfilets
frisch gemahlener Pfeffer

Die Bohnen in reichlich kaltem Wasser in einer großen Schale über Nacht einweichen.

Am nächsten Tag die Zitrone heiß waschen, gründlich trockentupfen, einen breiten Streifen der Schale abziehen und den Saft auspressen. Die Bohnen abgießen und mit reichlich frischem Wasser bedeckt, dem Lorbeerblatt, den abgezogenen, angedrückten Knoblauchzehen und dem breiten Schalenstreifen der Zitrone zum Kochen bringen. Die Bohnen bei mittlerer Temperatur in etwa 60 Minuten weich kochen.

Anschließend etwa 5–6 EL der Bohnen abnehmen und beiseitestellen. Die übrigen Bohnen weitere 30 Minuten garen, bis sie sehr weich sind. Bei Bedarf noch einen Schuss Wasser angießen. Das Lorbeerblatt und die Zitronenschale entfernen. Die Bohnen abgießen, dabei die Flüssigkeit auffangen. Bohnen inklusive der Knoblauchzehen, ½ TL Salz, etwas Zitronensaft und 2 EL Olivenöl fein pürieren. Nach und nach etwas Bohnenwasser oder Gemüsebrühe nach Bedarf zugeben, bis ein feincremiges weißes Püree entstanden ist.

Den Salbei waschen, trockentupfen und die Blätter klein zupfen. Die getrockneten Tomaten hacken. Das übrige Olivenöl in einer Pfanne erwärmen. Den Salbei und die Tomaten darin anschwitzen. Die beiseitegestellten Bohnen zugeben und anschwitzen. Zuletzt alles mit Salz, Pfeffer und Zitronensaft würzig abschmecken.

Das Bohnenpüree auf Teller verteilen, mit den angeschwitzten Bohnen belegen und servieren.

Bohnen sind zart im Geschmack und harmonieren wunderbar mit frischen Kräutern und Zitrusaromen, aber auch Gewürzen. Reichen Sie diese Beilage **zu Fisch**, entweder im Ganzen gegart, knusprig gebacken oder gebraten. **Geflügel oder Lamm** passen ebenfalls geschmacklich sehr gut zu Hülsenfrüchten. Sie können ein ganzes Hähnchen schmoren oder eine Lammkeule, zudem sind Hähnchenbrust oder Lammlachs willkommene Partner für das Bohnenpüree. Das würzige Öl ersetzt hier die Sauce, wobei sommerreife Tomaten aus der Pfanne dazu eine tolle Kombination ergeben.

Das ist eine der klassischen Linsenbeilagen **zu gebratenem und gedünstetem Fisch**. Probieren Sie auch einmal einen **ganzen Fisch in der Salzkruste** dazu, einfach himmlisch. Die feine süßsaure Note und die knackigen, würzigen Linsen passen außerdem **zu dunklem Fleisch, wie Rind oder Wildbret, gebratener Leber, Geflügel, inklusive Ente oder Gans** aus dem Ofen. **Fleischspieße vom Grill oder das Pendant aus Gemüse** können Sie ebenfalls hervorragend zum Linsengemüse servieren.

Balsamicolinsen

Für 4 Personen
Zubereitungszeit 20 Minuten
Garzeit 20–30 Minuten

250 g Belugalinsen
1 größere Stange Lauch
2 Schalotten
3 EL Olivenöl
100 ml Gemüsebrühe
50 ml Aceto balsamico
2–3 EL flüssiger Honig
Salz
frisch gemahlener Pfeffer

Die Linsen in einem Sieb abspülen. Mit 1 l Wasser bedeckt zum Kochen bringen und bei mittlerer Temperatur 20 Minuten garen.

Inzwischen den Lauch der Länge nach halbieren, gründlich waschen und würfeln. Die Schalotten abziehen und würfeln. Den Lauch und die Schalotten im heißen Olivenöl anschwitzen.

Die fertig gegarten Linsen abgießen und zur Lauchmasse geben. Die Brühe, den Balsamico und den Honig hinzufügen. Die Mischung offen 5 Minuten köcheln und die Flüssigkeit dabei sämig einkochen lassen.

Die Linsen mit Salz sowie Pfeffer würzen und in tiefen Tellern servieren.

Reichen Sie die Kürbispolenta-Ecken **zu Schmor- oder Sudfleisch, wie Ochsenbacken, Rinderbrust, Beinscheiben oder Tafelspitz**. Auch **zu kalten Braten oder Buletten** passen sie hervorragend. Zusammen mit einem Kräuterquark und anderen gebratenen **Gemüsesorten** sind die Kürbisecken eine gute Portion Gemüse in seiner schönsten Form.

Gebratene Kürbispolenta

Für 4 Personen
Zubereitungszeit 30 Minuten plus 5–6 Stunden oder über Nacht zum Abkühlen
Garzeit 30 Minuten

1 kleiner Hokkaidokürbis (ca. 500 g)
350 ml Gemüsebrühe
150 g Polenta (mittlerer oder grob gemahlener Maisgrieß)
Salz
frisch gemahlener Pfeffer
frisch gemahlene Muskatnuss
2 TL mildes Currypulver
1 Ei
½ Bund Petersilie
2 Scheiben Graubrot
3 EL Kürbiskerne
3–4 EL Weizenmehl Type 405
2 EL Speiseöl
2 EL Butter

Den Kürbis waschen, entkernen und in Stücke schneiden. Diese in wenig Wasser in einem Topf abgedeckt in 20 Minuten weich garen.

Die Brühe in einem Topf aufkochen. Die Polenta langsam einrühren und bei niedriger Temperatur unter Rühren 5 Minuten kochen. Dann beiseitestellen und abdecken. So bleibt die Polenta warm und es bildet sich keine Haut.

Den fertig gegarten Kürbis abgießen und fein pürieren. Das Kürbispüree zur Polenta geben. Mit Salz, Pfeffer, Muskat und Currypulver kräftig würzen. Danach ein Ei unterziehen.

Die Masse in eine mit Frischhaltefolie ausgelegte flache Form füllen, glatt streichen und abgedeckt im Kühlschrank fest werden lassen.

Die Petersilie waschen, trockentupfen und die Blätter abzupfen. Das Brot, die Petersilie und die Kürbiskerne in der Küchenmaschine zu feinen Bröseln mahlen.

Sobald die Kürbismasse fest geworden und gut durchgekühlt ist, auf ein Brett stürzen und in Ecken schneiden. Die Ecken in Mehl wenden und im heißen Öl in einer Pfanne anbraten.

Die Brot-Petersilie-Kürbiskern-Mischung in der Butter in einer zweiten Pfanne anrösten. Die angebratenen Kürbisecken in den Bröseln wenden und auf Teller setzen. Übrige Brösel zusätzlich darauf verteilen und servieren.

Gemüse der Saiso

beilagen

n

Frühling

Sommer

Herbst

Winter

Gemüsebeilagen

der Saison

Früh
ling

Das Schönste an dieser Beilage ist: Sie steht schon bereit, wenn es losgehen kann. Der Salat lässt sich gut vorbereiten und zieht dann einige Stunden oder über Nacht im Kühlschrank durch. Servieren Sie ihn **zu Grillfesten, Brunchbüfetts, zu Fisch, Geflügel, Eierspeisen** oder einfach mit einigen Scheiben geröstetem Brot.

Tomaten-Spargel-Salat

Für 4 Personen
Zubereitungszeit 20 Minuten
Garzeit 10 Minuten

2 Bund weißer Spargel
3 Knoblauchzehen
5 EL Olivenöl
Salz
frisch gemahlener Pfeffer
1 TL Zucker plus 1 Prise mehr
150 Kirschtomaten (z. B. kleine Beeren-Tomaten oder bunte Kirschtomaten)
3 EL Weißweinessig
1 TL milder Senf
4 Stängel Basilikum

Den Spargel waschen, schälen und in mundgerechte Stücke schneiden. Den Knoblauch abziehen und in feine Scheiben schneiden. 3 EL Olivenöl in einer Pfanne erhitzen und den Knoblauch darin hellbraun anrösten. Anschließend sofort in eine Schale umfüllen und abkühlen lassen.

Den abgekühlten Knoblauch aus dem Öl heben und beiseitestellen. Das Öl zurück in die Pfanne geben und den Spargel darin kurz schwenken. Mit Salz, Pfeffer und 1 Prise Zucker würzen und im eigenen Saft abgedeckt bei niedriger Temperatur 5 Minuten anschwitzen.

Inzwischen die Tomaten waschen und je nach Größe halbieren. Den Essig mit 1 TL Zucker, dem Senf, je 1 Prise Salz und Pfeffer sowie dem restlichen Olivenöl glatt zu einem Dressing rühren. Das Basilikum waschen und die Blätter abzupfen.

Den Spargel in eine Schüssel geben. Tomaten, den gerösteten Knoblauch sowie das Dressing hinzufügen und vermengen. Zuletzt den Salat abschmecken.

Zum Anrichten den Spargelsalat in Schüsseln verteilen und mit dem Basilikum bestreut servieren.

Gibt es etwas Schöneres als den Start der Spargelsaison? Für mich zählt der erste Spargel auf jeden Fall zu den Highlights im Frühling. Diese würzig-intensive Spargelbeilage passt zu ebenso Würzigem, wie **gegrilltem Fleisch oder Fisch**. Die Grillaromen sind hier wirklich willkommen. Aber auch zu **Eierspeisen** oder einer **kalt aufgeschnittenen Putenbrust** aus dem Ofen schmeckt der Spargel wunderbar.

Grüner Spargel in Kaffeebutter

Für 4 Personen
Zubereitungszeit 20 Minuten
Garzeit 15 Minuten

2 Bund grüner Spargel
2 EL Butter
2 TL Kaffeebohnen
1 TL Tellicherry-Pfeffer
1 Zweig Rosmarin
Meersalzflocken

Den Spargel waschen und im unteren Drittel schälen.

Die Butter in einer breiten Pfanne oder einem rechteckigen Bräter schmelzen. Die Kaffeebohnen und den Pfeffer im Mörser zerstoßen. Den Rosmarin waschen und die Nadeln abstreifen. Die Gewürzmischung und den Rosmarin zur Butter geben. Dann die Spargelstangen darin 5–8 Minuten anbraten.

Anschließend den Spargel mit Meersalzflocken würzen und anrichten. Zuletzt die Butter darüberträufeln und servieren.

Kräftige Gewürze und fruchtige Orange vereinen sich hier zu einer Beilage, die das ganze Jahr über glänzt. Denn Karotten sind – wenn auch nicht aus dem heimischen Garten – ganzjährig erhältlich. Durch die Wahl der Teesorte können Sie ganz leicht die Aromen passend zum Hauptbestandteil einer Mahlzeit wählen: Karotten mit Chai-Tee zu **Ente, Wild, Wildgeflügel oder Lamm**; mit intensivem schwarzem Tee **zu geschmortem Rind**; mit grünem Tee **zu Eierspeisen, Tofu oder Geflügel**. Neben den Gewürzen, die man im Gewürzregal oder -laden findet, bieten Tees eine ganz eigene Welt des Aromatisierens.

Glasierte Chai-Karotten

Für 4 Personen
Zubereitungszeit 20 Minuten
Garzeit 15 Minuten

1 Bund junge Karotten mit Grün oder 1 Schale bunte Urkarotten
1 EL Butter
1 EL Olivenöl
2 TL loser Chai-Gewürztee
1 unbehandelte Orange
Salz
1 Prise Zucker

Die Karotten waschen, putzen und schälen, etwas Grün an den Karotten belassen. Die Karotten je nach ihrer Größe im Ganzen lassen oder der Länge nach halbieren oder vierteln.

Die Butter und das Öl in einer Pfanne erhitzen. Den Chai-Tee darin kurz anrösten. Dann die Karotten hinzufügen und im Chai-Gewürzöl anbraten.

Die Orange heiß waschen, gründlich trockentupfen, die Schale fein abreiben und den Saft auspressen. Schale und Saft zusammen mit einem Schuss Wasser zu den Karotten geben. Mit Salz und dem Zucker würzen. Abgedeckt bei mittlerer Temperatur 10–12 Minuten garen.

Anschließend den Sud offen sämig einkochen lassen. Die Karotten mit dem Sud auf Teller verteilen und servieren.

Diese würzigen und leicht scharfen Austernpilze passen **zu Fleisch-, Geflügel- oder Fischgerichten** mit kräftigen Aromen. Sie verfeinern außerdem **Glasnudeln**, **Reis** oder **Tofuzubereitungen**. Warm und frisch aus der Pfanne oder gut durchgezogen als kalte Beilage schmecken sie ebenso hervorragend.

Gebratene Austernpilze

Für 4 Personen
Zubereitungszeit 20 Minuten
Garzeit 10 Minuten

1 Chilischote
1 Stück Ingwer (2 cm, fingerdick)
1 Knoblauchzehe
2 EL geröstetes Sesamöl
8–12 größere Austernpilze
50 ml Sojasauce
2 EL Honig
½ Bund Koriander
Salz
frisch gemahlener Pfeffer

Die Chilischote waschen, entkernen und in dünne Ringe schneiden. Den Ingwer schälen, den Knoblauch abziehen und beides hacken. Das Sesamöl in einer Pfanne erhitzen und die vorbereiteten Zutaten darin anschwitzen.

Die Austernpilze mit in die Pfanne geben und von beiden Seiten anbraten. Dann Sojasauce und Honig hinzufügen, die Pilze in der Flüssigkeit wenden und in dem Sud abgedeckt 5 Minuten garen.

Anschließend den Koriander waschen, trockentupfen und hacken. Den Sojasud offen einkochen lassen. Zuletzt alles mit Salz sowie Pfeffer würzen und den Koriander darüberstreuen.

Die gebratenen Austernpilze in einer Schale anrichten und heiß oder kalt servieren.

Zart und mit feinem Biss sind Mairübchen eine echte Delikatesse. Wenn Sie an einem Bund vorbeikommen, bitte nehmen Sie es mit und probieren einmal diese Beilage. Sie schmeckt hervorragend zusammen mit Kartoffeln **zu einem knusprigen Schnitzel, zu Fischbuletten oder gebratenem Fischfilet, zu Geflügel, Lamm** oder zusammen mit dünn aufgeschnittenem Schinken auf einer Scheibe Brot.

Glasierte Mairübchen

Für 4 Personen
Zubereitungszeit 20 Minuten
Garzeit 20 Minuten

600 g kleine weiße Rübchen (z. B. Teltower Rübchen, Mairübchen)
2 TL gelbe Senfsaat
2 EL Ahornsirup
2 EL weißer Balsamico
2 EL Butter
Salz
frisch gemahlener Pfeffer
getrocknete essbare Blütenmischung oder einige frische essbare Blüten(blätter)

Die Rübchen waschen, schälen und in Spalten schneiden. Die Senfsaat mit Ahornsirup, Balsamico und Butter in einer Pfanne erhitzen.

Die Rübchen darin erhitzen und einige Minuten garen, dabei den Sud einkochen lassen. Zuletzt mit etwas Salz und Pfeffer würzen.

Zum Anrichten die Rübchen auf Teller verteilen, mit den Blüten(blättern) bestreuen und servieren.

Gemüsenudeln sind Alltagshelden in der Küche, denn sie **schmecken zu allem**. Verwenden Sie Sorten, die schön bunt sind. Wird der Hauptgericht-Bestandteil mit einer Sauce gereicht, die Gemüsenudeln nur in Öl anschwitzen. Mit etwas Sahne oder Crème fraîche hingegen lassen sich cremige Gemüsenudeln zubereiten. Sie schmecken wunderbar zu Fisch oder Fleisch ohne eigene Sauce. Mit einer Tomatensauce kreieren Sie eine fruchtigere Beilage. Die passt dann zu Fisch, Fleisch oder vegetarischen Hauptbestandteilen.

Gemüsenudeln

Für 4 Personen
Zubereitungszeit 20 Minuten
Garzeit 5 Minuten

2 kleine grüne Zucchini
2 kleine gelbe Zucchini
2 Karotten
1 Kohlrabi
1 Schalotte
1 Knoblauchzehe
1 kleine milde Chilischote
½ Bund Petersilie
3 EL Olivenöl
Salz
frisch gemahlener Pfeffer
4 Stängel Basilikum

Zucchini, Karotten, Kohlrabi waschen, die Karotten und den Kohlrabi schälen. Das gesamte vorbereitete Gemüse mit einem Spiralschneider oder einem Gemüseschäler mit Julienneaufsatz in feine »Nudel«-Streifen schneiden.

Die Schalotte und den Knoblauch abziehen und würfeln. Die Chilischote waschen, entkernen und hacken. Die Petersilie waschen, trockentupfen und die Blätter hacken.

Das Olivenöl in einer breiten Pfanne erhitzen. Zunächst die Schalotten, den Knoblauch und den Chili, anschließend die Gemüsestreifen darin anschwitzen. Zuletzt die Petersilie untermischen und die Nudeln mit Salz sowie Pfeffer würzen.

Das Basilikum waschen, trockentupfen und die Blätter abzupfen.

Die Gemüsenudeln aufrollen und in Nestern oder als Rolle auf Teller verteilen. Mit dem Basilikum bestreut servieren.

Spinatwaffeln

Für 4 Personen
Zubereitungszeit 20 Minuten
Garzeit 20 Minuten

250 g Weizenmehl Type 405
1 TL Backpulver
Salz
100 g frischer Spinatsalat (Babyspinat)
3 Eier
150 ml Milch
50 ml Olivenöl
frisch gemahlene Muskatnuss
2 EL Sonnenblumenkerne
150 g Sauerrahm
2 EL Sprossen

Das Mehl mit dem Backpulver und 1 TL Salz in einer Schüssel mischen. Den Spinat waschen. Etwa 80 g davon mit den Eiern und der Milch in einem hohen Gefäß pürieren. Den übrigen Spinat zum Garnieren beiseitestellen.

Das Spinatpüree und Olivenöl zur Mehlmischung geben. 2 Prisen Muskat dazureiben und alles zu einem Waffelteig verrühren.

Das Waffeleisen vorheizen, mit Öl einfetten und den Teig portionsweise darin zu Waffeln ausbacken. Jeweils die fertig gebackenen Waffeln auf einem Kuchengitter beiseitestellen.

In der Zwischenzeit die Sonnenblumenkerne in einer Pfanne anrösten.

Die Spinatwaffeln entweder sofort servieren oder kurz vor dem Servieren im heißen Backofen (200 °C Ober-/Unterhitze) 3–4 Minuten erwärmen.

Die Waffeln auf Teller verteilen. Jeweils mit einem Klecks Sauerrahm, einigen der beiseitegestellten Spinatblätter, Sonnenblumenkernen und Sprossen garnieren.

ALS HAUPTSPEISE
Reichlich belegt werden sie außerdem rasch zum Hauptgericht.

Spinatwaffeln sind eine ungewöhnliche »Beilage«, die besonders zu **Fisch** und **Geflügel** glänzt. Oder zum Brunch zusammen mit einem **kalten Braten** oder **Eiern** genießen!

Das Kohlrabigratin passt **zu gebratenem oder gebackenem Fischfilet**, ebenso **zu würzigen Fleischbällchen, Braten oder Geflügel** aus dem Ofen. Das zarte Kokosaroma harmoniert bestens mit würzigen und intensiven Komponenten, diese dürfen auch durch Kräutermarinaden oder Pestos ergänzt werden.

Kohlrabigratin mit Kokosmilch

Für 4 Personen
Zubereitungszeit 30 Minuten
Garzeit 20 Minuten

3–4 Kohlrabi
½ unbehandelte Limette
1 EL Butter
Salz
1 TL Garam Masala
frisch gemahlener Pfeffer
2 Eier
200 ml Kokosmilch
3 EL Pekannusskerne
50 g Parmesan

Kohlrabi waschen, die Blätter von den Knollen ziehen, die Knollen schälen und würfeln. Die Limette heiß waschen, gründlich trockentupfen und etwas Schale abreiben.

Die Kohlrabiwürfel in der Butter in einer Pfanne anschwitzen. Etwas Salz, Pfeffer, Garam Masala und etwas Limettenschale zum Kohlrabi geben. Dann die Mischung beiseitestellen.

Eine Sauce royale zubereiten. Dazu die Eier mit der Kokosmilch, ½ TL Salz und einem Spritzer Saft der Limette verquirlen.

Den Backofen auf 180 °C Ober-/Unterhitze vorheizen.

Die Pekannüsse grob hacken. Die Kohlrabimischung in vier kleine Auflaufformen oder eine größere füllen. Die Sauce royale und die Pekannüsse darüber verteilen. Zuletzt den Parmesan darüberreiben. Das Gratin im vorgeheizten Backofen 20 Minuten backen. In einer großen Auflaufform verlängert sich die Garzeit um etwa 10 Minuten.

Anschließend die Form/-en mit Ofenhandschuhen herausnehmen und das Gratin so auf einem Untersetzer servieren.

Gemüsebeilagen

der Saison

Som
mer

Brokkoletti ist ein zartes Gemüse, das ganz rasch zubereitet ist, jedoch leider selten zu bekommen. Diese besonders zarte Form des Brokkolis röste ich am liebsten im Backofen, Röstaromen tun dem Kohl ausgesprochen gut. Er passt **zu Fisch und Fleisch**, ist sehr anpassungsfähig, ebenso wie die Marinade, in der er gart. Verwenden Sie gerne Ihre liebste Gewürzmischung.

Brokkoletti aus dem Ofen

Für 4 Personen
Zubereitungszeit 15 Minuten
Garzeit 15 Minuten

500 g Brokkoletti (auch unter Brokkolispargel bekannt)
1 TL Chiliflocken
1 TL Koriandersaat
½ TL Kreuzkümmelsaat
1 TL getrockneter Thymian
Salz
3 EL Olivenöl
1 EL Ahornsirup
2 EL Mandelblättchen

Den Backofen auf 170 °C Ober-/Unterhitze vorheizen. Den Brokkoletti waschen und gut abtropfen lassen. In einer Auflaufform verteilen.

Chiliflocken, Koriander, Kreuzkümmel, Thymian und 1 TL Salz im Mörser zerstoßen. Die Gewürzmischung mit dem Olivenöl und Ahornsirup zu einer Marinade verrühren.

Die Marinade und die Mandelblättchen über dem Brokkoletti verteilen. Mit den Händen gründlich vermischen, sodass die gesamten Stängel mit der Marinade überzogen sind.

Den Brokkoletti im vorgeheizten Backofen 15 Minuten backen. Anschließend auf Tellern anrichten und servieren.

Fenchel ist eine der klassischen Beilagen **zu Fisch in jeglicher Art**, ob ganzer Fisch aus der Salzkruste, Fischfilet mit Kruste oder in klassischer Panade gebraten. Aber auch gedünstete und gebratene Filets finden auf einem Fenchelbett wunderbar Platz. Reichen Sie das Fenchel-Safran-Gemüse außerdem **zu kalten Braten vom Schwein oder Geflügel**.

Fenchel-Safran-Gemüse

Für 4 Personen
Zubereitungszeit 20 Minuten
Garzeit 10 Minuten

ca. 10 Safranfäden
4 Knollen Fenchel
2 EL Olivenöl
50 ml Weißwein
100 ml Gemüsebrühe
Salz
frisch gemahlener Pfeffer
1 Prise Zucker

Den Safran in einer Tasse mit 2 EL Wasser verrühren und 10 Minuten stehen lassen. Den Fenchel waschen, das Grün abschneiden und beiseitestellen.

Die Knollen halbieren und in dünne Spalten schneiden. Das Olivenöl in einer Pfanne erhitzen und den Fenchel darin anschwitzen. Das Safranwasser zugeben und alles vermischen.

Die Fenchelmasse mit Weißwein ablöschen. Sobald dieser verkocht ist, die Brühe angießen. Den Fenchel abgedeckt in etwa 10 Minuten gar kochen. Zuletzt mit Salz, Pfeffer und Zucker würzen.

Zum Anrichten den Fenchel auf Teller verteilen, das beiseitegestellte Fenchelgrün darüber zerzupfen und servieren.

Ratatouille-Blüten

Für 4 Personen
Zubereitungszeit 30 Minuten
Garzeit 30 Minuten

FÜR DAS RATATOUILLE
1 Aubergine
2 kleine Zucchini
1 rote Paprikaschote
1 gelbe Paprikaschote
1 große Zwiebel
2 Knoblauchzehen
4 EL Olivenöl
2 TL getrockneter Oregano
Salz
1 TL Zucker
frisch gemahlener Pfeffer
400 g stückige Tomaten
150 ml Gemüsebrühe

FÜR DIE STRUDELBLÜTEN
50–75 g Butter
2–3 Strudelteigblätter

AUSSERDEM
Minimuffinblech mit 24 Mulden
Olivenöl zum Servieren
Salzflocken
frisch grob gemahlener Pfeffer
2 Zweige Thymian, Blättchen abgezupft

Für das Ratatouille die Aubergine, Zucchini, Paprika waschen, putzen bzw. Samen entfernen und das vorbereitete Gemüse klein würfeln. Die Zwiebel und den Knoblauch abziehen und würfeln.

Das Olivenöl in einem breiten Topf erhitzen. Die Zwiebeln und den Knoblauch darin anschwitzen. Danach die Auberginen zugeben und braun anbraten. Die Zucchini und die Paprika hinzufügen und 2–3 Minuten mit anschwitzen. Anschließend den Oregano, 1 TL Salz und Zucker, etwas Pfeffer, die stückigen Tomaten sowie die Brühe zugeben. Das Ratatouille abgedeckt 15–20 Minuten sanft köcheln lassen, dabei gelegentlich umrühren.

Inzwischen für die Strudelblüten den Backofen auf 170 °C Ober-/Unterhitze vorheizen. Die Butter in einem Topf schmelzen. Das Muffinblech mit der UnterSeite nach oben umdrehen und die Rückseiten der Mulden mit Butter einfetten. Ein Strudelteigblatt mit Butter bestreichen und in Quadrate mit 5 cm Kantenlänge teilen. Dann drei Quadrate leicht versetzt übereinander über eine Muffinmulde legen. Den Teig gut andrücken und so fortfahren, bis etwa 20 Strudelblüten geformt sind.

Das Blech auf das Backofengitter schieben und die Strudelblüten im vorgeheizten Backofen unter Aufsicht 5–7 Minuten backen. Anschließend abkühlen lassen.

Zum Anrichten die Strudelblüten auf eine Platte setzen und das Ratatouille einfüllen. Etwas Olivenöl darüberträufeln und mit Salzflocken, grob gemahlenem Pfeffer und Thymianblättchen bestreut servieren.

Eine sommerliche Beilage mit Wow-Effekt, für das Auge und den Gaumen. Denn das fruchtige Ragout zusammen mit dem knusprigen Strudelteig ergibt ein tolles Mundgefühl. Es passt **zu dunklem Fleisch, Geflügel**, aber auch **Fisch und Meeresfrüchten**. Für den Grillabend oder ein sommerliches Büfett perfekt!

Auberginen mit ungewöhnlicher Form, denkt, wer sie zum ersten Mal sieht. Ich empfehle sie **zu Fischgerichten, kurz gebratenem Fleisch, vor allem Lamm, Rind und Geflügel**. Mit der würzigen Auflage sind sie auch perfekt **zu Tofu und anderen veganen Fleischersatzprodukten**.

Geschmorte Japanische Auberginen

Für 4 Personen
Zubereitungszeit 30 Minuten
Garzeit 30 Minuten

4 Japanische Auberginen (längliche, dünne Auberginen)
Salz
2 Knoblauchzehen
1 Stück Ingwer (2 cm, fingerdick)
1 Chilischote
1 unbehandelte Zitrone
1 Zwiebel
2 EL geröstetes Sesamöl plus mehr für die Form
3 EL Sojasauce
2 EL Ahornsirup
2–3 EL Sprossen (Sorte nach Wahl)

Die Auberginen waschen, der Länge nach halbieren und die Schnittfläche leicht einritzen. Die Auberginen mit etwas Salz bestreuen und 10 Minuten stehen lassen.

Den Knoblauch abziehen, den Ingwer schälen und beides fein hacken. Die Chilischote waschen, entkernen und hacken. Die Zitrone heiß waschen, gründlich trockentupfen und die Schale mit dem Sparschäler dünn abschälen. Die Zwiebel abziehen und in dünne Spalten schneiden. Das Sesamöl in einer Pfanne erhitzen und die vorbereiteten Zutaten darin 2–3 Minuten anbraten. Dann mit der Sojasauce und dem Ahornsirup ablöschen. Die Pfanne beiseitestellen.

Den Backofen auf 180 °C Ober-/Unterhitze vorheizen. Eine Auflaufform mit Öl einfetten, die Auberginen abtropfen lassen und in die Form legen. Die angebratene Zwiebelmischung aus der Pfanne darauf verteilen. Alles im vorgeheizten Backofen 20 Minuten garen.

Anschließend die geschmorten Auberginen auf eine Platte legen und mit den Sprossen bestreut servieren.

Gefüllte Minizucchini

Für 4 Personen
Zubereitungszeit 30 Minuten
Garzeit 30 Minuten

ca. 12 Minizucchini
neutrales Pflanzenöl für die Form
1 altbackenes Brötchen
50 ml Milch
1 Ei
Salz
1 Bund glatte Petersilie
frisch gemahlener Pfeffer
frisch gemahlene Muskatnuss
30 g Parmesan
Olivenöl zum Beträufeln

Die Zucchini waschen und im oberen Drittel das Fruchtfleisch aushöhlen. Unten etwas begradigen, dass sie später gut stehen und gefüllt werden können. Die Zucchini mit der ausgehöhlten Seite nach oben aufgestellt in eine geölte Auflaufform setzen.

Die Füllung für die Zucchini zubereiten. Dazu die Fruchtfleischreste vom Aushöhlen klein hacken. Das Brötchen sehr klein würfeln und in eine Schüssel geben. Die Milch lauwarm erhitzen, über die Brötchenwürfel gießen und die Würfel 10 Minuten quellen lassen.

Den Backofen auf 170 °C Ober-/Unterhitze vorheizen.

Das Ei trennen und das Eigelb zu den eingeweichten Brötchen geben. Das Eiweiß mit 1 Prise Salz in einer Schüssel steif schlagen.

Die Petersilie waschen, trockentupfen, die Blätter abzupfen und hacken. Gehacktes Zucchinifruchtfleisch, Petersilie, 2 Prisen Salz, Pfeffer und Muskat zu den Brötchen geben und vermengen. Den Eischnee behutsam unterheben. Die Masse in die ausgehöhlten Zucchini füllen.

Den Parmesan darüberreiben. Die Zucchini im vorgeheizten Backofen 15–20 Minuten garen.

Anschließend die gefüllten Zucchini auf einer Platte anrichten, mit etwas Olivenöl beträufeln und servieren.

TIPP

Wenn Sie beim Einkaufen an besonders kleinen Gemüsesorten vorbeikommen, denken Sie an dieses Rezept. Leider ist es nicht immer leicht, passende Minizüchtungen zu bekommen. Minizucchini beispielsweise lassen sich aber einfach im eigenen Garten anbauen. Weitere Sorten für das Rezept könnten sein: Pattison, Snack-Paprika, Pilze, kleine Auberginen usw.

Die Minizucchini passen **zu allen Fisch-, Fleisch- oder Geflügelgerichten**, denn sie sind wandelbar und dezent im Geschmack.

Außen knusprig, innen weich und voller guter Lebensmittel. Diese Gemüsekroketten vertragen eine **würzige Sauce**, beispielsweise von einem **Curry** oder einem **Tomatensugo**. Auch **Fisch** als Hauptbestandteil ist in seinen zahlreichen Zubereitungsvarianten ideal dazu.

Blumenkohlkroketten

Für 4 Personen
Zubereitungszeit 20 Minuten
Garzeit 15 Minuten

250 g Blumenkohl
½ unbehandelte Zitrone
250 g vorgegarte Kichererbsen (aus der Dose/dem Glas), abgetropft
1 TL Kapern
1 TL italienische Kräutermischung
Salz
1 Prise Zucker
frisch gemahlener Pfeffer
3–4 EL Semmelbrösel plus mehr zum Panieren
500 ml Speiseöl
4–5 EL Weizenmehl Type 405
2 Eier

Den Blumenkohl waschen, putzen und in Stücke teilen. Die Zitrone heiß waschen, gründlich trockentupfen und die Schale fein abreiben.

Die Kichererbsen mit dem Blumenkohl, den Kapern, Kräutern, der Schale der Zitrone, 1 TL Salz, dem Zucker und etwas Pfeffer in der Küchenmaschine pürieren. Die Masse mit den Semmelbröseln vermengen, bis sie gut formbar ist. Abgedeckt 20 Minuten ruhen lassen.

Dann das Öl etwa 4 cm hoch in einen Topf einfüllen und auf 160–170 °C erhitzen.

Aus der Blumenkohlmasse Kroketten formen. Eine Schale mit Mehl und eine Schale mit Semmelbröseln bereitstellen. In einer dritten Schale die Eier verquirlen und ebenfalls bereitstellen. Die Kroketten nacheinander erst in Mehl wenden, danach durch das Ei ziehen und zuletzt in den Semmelbröseln wenden.

Die Kroketten portionsweise im heißen Öl knusprig braun ausbacken. Anschließend in einem Sieb abtropfen lassen und heiß servieren.

Mangoldkuppeln

Für 4 Personen
Zubereitungszeit 30 Minuten plus am Vortag Kartoffeln vorkochen
Garzeit 15 Minuten

8 Mangoldblätter
Salz
1 Zwiebel
3 EL Butter
2 gekochte Kartoffeln mit Schale vom Vortag
50 g Cheddar
frisch gemahlener Pfeffer
1 EL Olivenöl

Den Mangold waschen, die Blätter und Stiele voneinander trennen. Wasser in einem Topf zum Kochen bringen, gut salzen und die Mangoldblätter darin 10–15 Sekunden blanchieren. Anschließend aus dem Wasser heben und in Eiswasser abschrecken. Dann auf einem sauberen Küchentuch trockentupfen.

Die Stiele klein schneiden. Die Zwiebel abziehen und würfeln. Beides in 1 EL Butter in einer Pfanne anschwitzen. Die Kartoffeln pellen und in eine Schüssel reiben. Die Zwiebel-Mangoldstiele-Mischung zugeben. Den Cheddar dazureiben, ½ TL Salz und etwas Pfeffer hinzufügen. Alle Zutaten zu einer Füllmasse vermengen.

Den Backofen auf 160 °C Ober-/Unterhitze vorheizen.

Eine Suppenkelle mit Öl einfetten, mit einem Mangoldblatt auslegen und etwas Füllung hineingeben. Den überlappenden Mangold über die Füllung klappen und gut andrücken. Die Mangoldkuppel aus der Kelle nehmen und in eine Auflaufform setzen. Insgesamt acht Kuppeln zubereiten.

Die übrige Butter in einem kleinen Topf schmelzen und die Kuppeln damit bestreichen. Die Mangoldkuppeln im vorgeheizten Backofen 15 Minuten garen. Anschließend auf einer Platte anrichten und servieren.

Reichen Sie die Mangoldkuppeln **zu gedünstetem oder gebratenem Fischfilet oder Hähnchenbrust**. Auch kleine **Röllchen aus Geflügel oder Lammlachs** passen hervorragend dazu. Eine **Sauce** nicht vergessen, das kann eine cremige Béchamel mit Kräutern oder Gewürzen sein, ebenso der abgelöschte Bratansatz von Fleisch oder Geflügel.

Wenn draußen sommerliche Temperaturen herrschen, hat man oft keine Lust auf warmes Essen, geschweige denn lange in der Küche zu stehen. Dann passt dieses Melonengemüse besonders gut, denn es ist herrlich erfrischend. Es schmeckt wunderbar **zu Käse, Schinken, Baguette mit Kräuterbutter, Joghurt- oder Quarkdips**. Auch als Grillbeilage oder zum Sommerbüfett ist es ideal.

Kaltes Melonengemüse

Für 4 Personen
Zubereitungszeit 15 Minuten

½ Wassermelone
1 Charentais-Melone
1 Honigmelone
1 Zitrone
2 EL Olivenöl
Salz
3 EL Sonnenblumenkerne
3 Stängel Minibasilikum

Die Melonen entkernen und schälen, das Fruchtfleisch in gleichmäßige Würfel schneiden.

Den Saft der Zitrone auspressen. Die Melonenwürfel in einer Schüssel mit dem Saft der Zitrone, dem Olivenöl und etwas Salz marinieren.

Die Sonnenblumenkerne in einer Pfanne trocken anrösten. Das Basilikum waschen, trockentupfen und die Blätter abzupfen.

Die Sonnenblumenkerne und das Basilikum kurz vor dem Servieren über den Melonensalat streuen.

Das Ragout ist die perfekte **Grillbeilage zu Fisch, Fleisch oder vegetarischen Gerichten**. Und auch **zu Ofenkartoffeln mit Sour Cream** oder **als Topping zu Feta** aus dem Backofen oder vom Grill.

Fruchtiges Paprikaragout

Für 4 Personen
Zubereitungszeit 20 Minuten
Garzeit 15 Minuten

2 rote Paprikaschoten
2 gelbe Paprikaschoten
2 Schalotten
150 g Physalis
2 EL Olivenöl
Salz
frisch gemahlener Pfeffer
1 EL Ahornsirup
1 Orange
1 TL Mohnsaat

Die Paprika waschen, Samen sowie weiße Trennwände entfernen und die Schoten klein würfeln. Die Schalotten abziehen und würfeln. Die Physalis aus den Hülsen lösen, waschen und vierteln.

Das Olivenöl in einer Pfanne erhitzen. Schalotten und Paprika darin 5 Minuten anschwitzen. Dann mit Salz, Pfeffer und Ahornsirup würzen. Den Saft der Orange auspressen und zugeben. Die Paprika abgedeckt weich garen. Zuletzt die Physalis und den Mohn hinzufügen und alles kurz erhitzen.

Das Paprikaragout abschmecken und zum Servieren in Schalen anrichten.

TIPP
Das Paprikaragout eignet sich außerdem als Aufstrich: einige Scheiben Baguette anrösten, mit Ziegenfrischkäse bestreichen und das lauwarme Paprikaragout darüber verteilen.

Gemüsebeilagen

der Saison

Herbst

Pilztartelettes

Für 4 Personen
Zubereitungszeit 30 Minuten
Garzeit 30 Minuten

FÜR DEN TEIG

150 g Weizenmehl Type 405 plus mehr zum Bearbeiten
80 g Butter plus mehr für die Form
1 Eigelb
Salz

FÜR DIE FÜLLUNG

400 g Champignons
2 EL Butter
2 Zweige Thymian
2 Eier
100 g süße Sahne
Salz
frisch gemahlener Pfeffer
1 Bund Schnittlauch

Für den Teig das Mehl mit Butter, Eigelb, 1 EL kaltem Wasser und 1 Prise Salz zu einem Mürbeteig verkneten. Diesen abgedeckt im Kühlschrank etwa 30 Minuten ruhen lassen.

Für die Füllung die Champignons trocken abreiben und in dickere Scheiben schneiden. Die Pilzscheiben in der Butter in einer Pfanne von beiden Seiten kurz braun anbraten. Danach beiseitestellen und abkühlen lassen.

Die Thymianzweige waschen, trockenschütteln und die Blättchen von den Zweigen streifen. Die Eier mit den Thymianblättchen, der Sahne, 2–3 Prisen Salz und Pfeffer verquirlen.

Den Backofen auf 180 °C Ober-/Unterhitze vorheizen. Vier Tartelette-formen (etwa 10 cm Durchmesser) mit Butter einfetten und mit Mehl ausstreuen.

Den Teig in vier Portionen teilen und auf der leicht bemehlten Arbeitsfläche etwas größer als die Formen ausrollen. Die Teigstücke in die Formen legen und den Rand andrücken. Die Pilzscheiben auf dem Teig verteilen und den Eierguss darübergießen. Die Pilztörtchen dann im vorgeheizten Backofen 20 Minuten backen.

Den Schnittlauch waschen, trockentupfen und klein schneiden. Die fertig gebackenen Tartelettes aus den Förmchen lösen, in Stücke schneiden und warm auf einer Platte servieren. Mit den Schnittlauchröllchen bestreut servieren.

ALS HAUPTSPEISE

Hier steckt Gemüse und Teigbeilage in einem und kann als eigenes Gericht für sich stehen.
Zusammen mit Oliven, eingelegtem Käse und Salat kommen sie als eigenständiges Gericht auf den Tisch.

Ich empfehle die Tartelettes **zu gebratenem oder gegrilltem Fleisch**. Denn sie können beides: Stellen Sie sie auf ein Büfett oder reichen Sie sie zum Grillabend.

Reichen Sie den Spitzkohl **zu Fisch, Fleisch oder Geflügel**, zusammen mit Kartoffel- oder Semmelknödeln wird er zum Hauptgericht. **Auf einem Risotto** oder dem Pendant aus Perlgraupen angerichtet, ergänzt er fehlendes Fleisch bestens.

Gebratener Spitzkohl mit Harissa-Honig-Glasur

Für 4 Personen
Zubereitungszeit 20 Minuten
Garzeit 15 Minuten

1 Spitzkohl
2 TL Harissa (Gewürzmischung oder Paste)
2 EL flüssiger Honig
3 EL geröstetes Sesamöl
Salz
100 ml Gemüsebrühe

Vom Spitzkohl nach Bedarf die äußeren Blätter entfernen. Den Kohl in Achtel schneiden, der Strunk hält die Blätter zusammen.

Harissa, Honig, 2 EL Sesamöl und 1 TL Salz zu einer Marinade verrühren.

Die Spitzkohlstücke im restlichen Sesamöl von beiden Seiten anbraten. Anschließend mit der Marinade einstreichen. Die Brühe angießen und den Kohl abgedeckt 5 Minuten leise köcheln lassen. Dann die verbliebene Flüssigkeit offen einkochen lassen und den Spitzkohl einmal wenden.

Die Spitzkohlstücke auf einer Platte anrichten und servieren.

Cremiges Safrangemüse

Für 4 Personen
Zubereitungszeit 30 Minuten
Garzeit 20 Minuten

10–15 Safranfäden
1 Knolle Fenchel
5 Stangen Bleichsellerie
3 Karotten
¼ Hokkaidokürbis
1 Bund Lauchzwiebeln
Salz
2 EL Butter
1,5 EL Weizenmehl Type 405
300 ml Gemüsebrühe
150 g süße Sahne
frisch geriebene Muskatnuss
frisch gepresster Zitronensaft

Den Safran in 2 EL Wasser in einer Schale einweichen.

Den Fenchel waschen, halbieren, den Strunk entfernen und die Hälften in dünne Spalten schneiden. Den Bleichsellerie waschen, die Fäden abziehen und die Stangen in leicht schräge Streifen schneiden. Die Karotten waschen, schälen und in Scheiben schneiden. Den Kürbis waschen, entkernen und in mundgerechte Stücke schneiden. Die Lauchzwiebeln putzen, waschen und auf 10 cm kürzen. Die übrigen grünen Teile anderweitig verwenden.

Das vorbereitete Gemüse nacheinander in kochendem, gesalzenem Wasser in einem Topf 1–2 Minuten blanchieren. Anschließend kalt abschrecken.

Die Butter in einem breiten Topf erhitzen. Das Gemüse zugeben und 2–3 Minuten anschwitzen. Dann das Mehl darüberstauben und hell anschwitzen.

Das Gemüse mit der Brühe aufgießen und die Sauce glatt rühren. Anschließend mit der Sahne auffüllen, 2 Prisen Salz zugeben und das Gemüse unter Rühren 10–15 Minuten köcheln lassen.

Zuletzt das Gemüse mit Salz, Muskat und einem Spritzer Zitronensaft abschmecken. Auf einer Platte anrichten und servieren.

Eine **Allroundgemüsebeilage**, die auf jeder Tafel leuchtet! Verwenden Sie dafür gerne auch Sorten, die Sie selbst am liebsten mögen oder die gerade vorrätig sind. Das Rezept passt **zu gesottenem Fleisch** oder **ganzen Braten aus dem Ofen**, die ohne Sauce zubereitet werden. Auch vegetarische Alternativen aus Soja- oder Erbsenprotein sind hier willkommen.

So simpel, so gut – der Fächerkürbis ist nicht nur optisch ein echtes Highlight auf der Tafel, sondern punktet außerdem geschmacklich. So passt er mit seiner sortentypischen Süße, die beim Backen im Ofen entsteht, **zu Schmorgerichten, Buletten, zu einem Schnitzel, Steaks und Geschnetzeltem**. Auch **Fischfilets**, gebraten, aus dem Ofen oder mit Kruste, sind prima Begleiter zu dieser Kürbisbeilage.

Fächerkürbis

Für 4 Personen
Zubereitungszeit 20 Minuten
Garzeit 20–25 Minuten

2 Butternutkürbisse
50 g weiche Butter
1 EL Ahornsirup
1 TL edelsüßes Paprikapulver
1 TL getrockneter Thymian
1 TL Kreuzkümmelpulver
Salz

Den Backofen auf 180 °C Ober-/Unterhitze vorheizen.

Die Kürbisse waschen, schälen und halbieren. Die Kerne herauslösen und die Hälften in gleichmäßig dünne Scheiben schneiden, im unteren Bereich sollen die Scheiben zusammenbleiben. Als Abstandhalter seitlich entlang des Kürbisses zwei Schaschlikspieße legen.

Die eingeschnittenen Kürbishälften auf der Schnittfläche in eine Auflaufform legen. Die Butter mit dem Ahornsirup, dem Paprikapulver, dem Thymian, Kreuzkümmel und 1 TL Salz in einer Schale vermengen. Die Kürbisse leicht auffächern und mit der gewürzten Butter einstreichen.

Die Kürbisse im vorgeheizten Backofen in 20–25 Minuten goldbraun backen. Anschließend auf Teller verteilen und servieren.

Gebackener Sellerie mit Dukkah

Für 4 Personen
Zubereitungszeit 30 Minuten
Garzeit 20 Minuten

2 kleine Knollen Sellerie
Salz
50 g Weizenmehl Type 405
150 g Semmelbrösel
3 EL Dukkah (Gewürzmischung)
2 Eier
3 EL Milch
frisch gemahlener Pfeffer
neutrales Speiseöl zum Ausbacken
Schwarzkümmel zum Servieren

Die Sellerieknollen gründlich waschen, schälen und in 1 cm dicke Scheiben schneiden. Wasser in einem ausreichend großen Topf zum Kochen bringen, salzen und die Selleriescheiben darin 5–8 Minuten garen. Sie sollten gar, aber nicht zu weich sein. Dann aus dem Wasser heben, gut abtropfen und etwas abkühlen lassen. Das Kochwasser abkühlen lassen und zum Aufgießen für Suppen weiterverwenden.

Das Mehl in eine flache Schale füllen. Semmelbrösel und Dukkah in eine weitere flache Schale füllen. Die Eier mit der Milch und je 1 Prise Salz und Pfeffer in einer dritten Schale verquirlen.

Speiseöl 2 cm hoch in eine Pfanne geben und auf etwa 160–170 °C erhitzen.

Die Selleriescheiben erst in Mehl wenden, dann durch das Ei ziehen und zuletzt in den Bröseln panieren. Die panierten Selleriescheiben im heißen Öl schwimmend in der Pfanne ausbacken. Anschließend auf Küchenpapier abtropfen lassen.

Zuletzt den Sellerie leicht salzen. Mit Schwarzkümmel bestreut anrichten.

ALS HAUPTSPEISE

Die Selleriescheiben brauchen aber auch nicht dringend Fleisch, um perfekt zu sein: Reichen Sie beispielsweise einfach nur eine Miso-Mayonnaise und einen Rohkostsalat dazu.

Würzig und knusprig sind diese Sellerie-Schnitzel sowohl solo als auch **zu Wildbret, Wildgeflügel, Ente, Gans oder auch zu Rind** bestens als Beilage geeignet. Der Hauptbestandteil der Mahlzeit sollte mit einer **Sauce** serviert werden.

Petersilienwurzeln harmonieren besonders **mit Wild und Geflügel**, vor allem **zu Ente und Gans aus dem Ofen**. Also ideal zu Weihnachten. Aber auch **zu Leber, kurz gebratenem Rind- oder Schweinefleisch** sowie **zu festen Fischfilets** (Lachs, Lachsforelle, Hecht, Waller) passen sie perfekt.

Geröstete Petersilienwurzeln mit Apfelvinaigrette

Für 4 Personen
Zubereitungszeit 30 Minuten
Garzeit 20 Minuten

500 g Petersilienwurzeln
2 EL Butter
½ TL Zimtpulver
Salz
frisch gemahlener Pfeffer
100 ml Apfelsaft
1 Apfel
1 TL Anissaat
1 EL Puderzucker
1 Limette
2 EL getrocknete Cranberrys
2 EL Olivenöl

Die Petersilienwurzeln gründlich waschen, schälen und der Länge nach vierteln. Die Butter in einer Pfanne erhitzen und die Petersilienwurzeln darin anbraten. Den Zimt zugeben und mit Salz sowie Pfeffer würzen. Den Apfelsaft angießen und die Petersilienwurzeln abgedeckt bei niedriger Temperatur 8–10 Minuten garen.

Inzwischen die Vinaigrette zubereiten. Dazu den Apfel waschen, entkernen und klein würfeln. Den Anis im Mörser grob zerstoßen, in einer Pfanne anrösten und mit dem Puderzucker bestauben. Sobald ein goldbrauner Karamell entstanden ist, die Pfanne vom Herd nehmen. Den Saft der Limette auspressen und hinzufügen. Die Apfelwürfel und Cranberrys zugeben, die Pfanne zurück auf den Herd stellen und alles 1–2 Minuten erhitzen. Sobald sich der Karamell gelöst hat, die Vinaigrette umfüllen. Zuletzt mit Salz sowie Pfeffer würzen und das Olivenöl unterrühren.

Zum Anrichten die Petersilienwurzeln mit der Apfelvinaigrette auf Teller verteilen und servieren.

Ravioli gehören zu den aufwendigeren Beilagen, daher wird in diesem Rezept ausnahmsweise einmal zu küchenfertigem Nudelteig gegriffen. Das erleichtert und verkürzt die Arbeit enorm. Serviert werden die Ravioli **zu Fleisch- oder Gemüseragouts, Geschnetzeltem mit Sauce, Braten oder Fischfilets aus der Pfanne**. Und natürlich schmecken sie auch pur.

Gekräuterte Pilzravioli

Für 4 Personen
Zubereitungszeit 40 Minuten
Garzeit 20 Minuten

500 g Pilze (z. B. Pfifferlinge, Steinchampignons, Steinpilze)
2 Schalotten
2 Knoblauchzehen
2 Zweige Thymian
1 Zweig Rosmarin
½ Bund Petersilie
2 EL Butter plus 4 EL zum Bräunen
Salz
frisch gemahlener Pfeffer
1 Eigelb
2 EL Semmelbrösel
1 Rolle frischer Nudelteig (aus dem Kühlregal)
2 TL grob zerstoßener Tellicherry-Pfeffer
Schnittlauchhalme zum Servieren

Die Pilze trocken abreiben, putzen und eventuelle Erdreste mit einem kleinen Messer entfernen. Die Pilze klein schneiden. Die Schalotten sowie den Knoblauch abziehen und beides fein würfeln. Die Kräuter waschen, trockentupfen, die Blätter bzw. die Nadeln abzupfen und hacken.

2 EL Butter in einer Pfanne schmelzen und die Pilze darin 2–3 Minuten anbraten. Dann die Schalotten und den Knoblauch mit anschwitzen. Die gehackten Kräuter hinzufügen und alles kräftig mit Salz sowie Pfeffer würzen. Die Pilze offen trocken einkochen lassen. Danach beiseitestellen und abkühlen lassen. Anschließend das Eigelb und die Semmelbrösel unterrühren.

Reichlich Wasser in einem Topf zum Kochen bringen. Den Nudelteig entrollen und auf der Hälfte des Teiges portionsweise mit einem Teelöffel Pilzmasse aufsetzen. Die Teigränder rund um die Füllung mit Wasser einstreichen. Die zweite Teighälfte darüberklappen und etwas andrücken, um die Füllung die Luft herausdrücken.

Aus dem Teig mit einem Ravioliausstecher Ravioli ausstechen. Diese im kochenden, gut gesalzenen Wasser 3–4 Minuten garen. Inzwischen 4 EL Butter in einer Pfanne schmelzen und leicht bräunen.

Die fertig gegarten Ravioli aus dem Wasser heben, in der Butter schwenken und auf Teller verteilen. Mit dem Tellicherry-Pfeffer und einigen Schnittlauchhalmen bestreut servieren.

Gemüsebeilagen

der Saison

Win ter

Rotkohl kann deutlich mehr, als nur mit Apfel zusammen für die Weihnachtsgans zu schmoren – wenngleich natürlich auch in diesem Rezept die Röstaromen aus dem Backofen besonders willkommen sind, da sie dem Kohlaroma eine ganz neue Nuance verleihen. Zusammen mit dem süßlich-nussigen Topping ist dieser Ofen-Rotkohl die perfekte **Beilage zu Wild und Wildgeflügel, zu Ente oder Gans, Ossobuco** (würziges Schmorfleisch in Sauce).

Ofen-Rotkohl mit nussiger Haube

Für 4 Personen
Zubereitungszeit 20 Minuten
Garzeit 30 Minuten

2 kleine Köpfe Rotkohl
2 Orangen
5 EL Olivenöl
2 EL Ahornsirup
Salz
frisch gemahlener Pfeffer
100 g Studentenfutter (beliebige Mischung, auch nur Nussmischung)
4 EL Pankobrösel
3 EL Butter
4 Stängel Petersilie

Den Backofen auf 180 °C Ober-/Unterhitze vorheizen und ein Backblech mit Backpapier auslegen. Den Rotkohl nach Bedarf von den äußeren Blättern befreien, falls sie beschädigt sind. Den Kohl in 1–2 cm dicke Scheiben schneiden.

Den Saft der Orangen auspressen. Den Saft, das Olivenöl, den Ahornsirup, 1 TL Salz und etwas Pfeffer in einer Schüssel verrühren. Die Rotkohlscheiben damit einstreichen. Auf dem Backblech im vorgeheizten Backofen 20 Minuten garen.

Inzwischen das Studentenfutter grob hacken. Mit Panko in der Butter in einer Pfanne anrösten. Die Petersilie waschen, trockentupfen und hacken.

Die Bröselmischung auf den Rotkohlscheiben verteilen und die Petersilie darüberstreuen. Den Rotkohl auf Tellern anrichten, mit etwas Pfeffer bestreuen und servieren.

Zugegeben ist es etwas aufwendig, die Blätter einzeln abzulösen. Der Wow-Effekt bei Ihren Gästen ist Ihnen jedoch sicher. Zusammen mit dem Dressing ist der Rosenkohlblatt-Salat eine wunderbare Beilage **zu Wildbret, Rind, Lamm und Schwein**. Er passt auch **zu Fisch**, gerne in einer knusprigen Panade.

Rosenkohlblatt-Salat mit grünem Dressing

Für 4 Personen
Zubereitungszeit 25 Minuten
Garzeit 5 Minuten

500 g Rosenkohl
Salz
4 Stängel Petersilie
2 Zweige Thymian
2 Stängel Basilikum
1 Knoblauchzehe
1 Schalotte
6 EL Olivenöl
3 EL Weißweinessig
1 TL mittelscharfer Senf
½ TL Zucker
1 Scheiben Graubrot
1 milde Chilischote
1 EL Butter

Den Rosenkohl waschen, die Blätter einzeln ablösen, bis nur noch ein kleiner Strunk übrig bleibt. Reichlich Wasser in einem Topf zum Kochen bringen, gut salzen und die Rosenkohlblätter sowie die Strünke darin knapp 1 Minute blanchieren. Danach mit einer Schaumkelle abschöpfen, in Eiswasser abschrecken und gut abtropfen lassen.

Das grüne Dressing zubereiten. Dazu die Kräuter waschen, trockentupfen und klein zupfen. Den Knoblauch und die Schalotte abziehen und würfeln. Beides in 1 EL Olivenöl anschwitzen. Die Schalotten-Knoblauch-Mischung mit den Kräutern, dem Essig, dem Senf, dem Zucker und dem übrigen Olivenöl in ein hohes Gefäß geben. 2 Prisen Salz hinzufügen und alles fein zu einem Dressing pürieren.

Das Brot in Stücke zupfen. Die Chilischote waschen, entkernen und hacken. Brot und Chili in der Butter in einer Pfanne anrösten und leicht salzen.

Den Rosenkohl mit dem Dressing marinieren und in Schalen anrichten. Mit den Chilibröseln bestreut servieren.

Für sich gesehen sind die Rouladen ein eigenständiges Gericht. Sie können aber auch mit **Roastbeef, Minutensteaks, überbackenen Fischfilets oder Hackbällchen** serviert werden. Ein **Fischragout**, **Curry mit Hähnchen** oder **knusprig gebackener Feta** schmecken ebenfalls sehr gut dazu.

Wirsing-Linsen-Rouladen

Für 4 Personen
Zubereitungszeit 30 Minuten
Garzeit 40 Minuten

100 Belugalinsen
1 Kopf Wirsing
Salz
1 Zwiebel
25 g Butter plus 2 EL mehr zum Anbraten
20 g Weizenmehl Type 405
500 ml Gemüsebrühe
150 g süße Sahne
frisch gemahlener Pfeffer
½ Zitrone
3 in Öl eingelegte getrocknete Tomaten, abgetropft

Die Belugalinsen in einem Sieb abspülen und gut mit Wasser bedeckt zum Kochen bringen. Bei mittlerer Temperatur in 25–30 Minuten gar kochen.

Inzwischen den Wirsing putzen, die Blätter vom Strunk lösen und die dicken Blattadern in der Mitte herausschneiden. Es werden zwölf Blätter benötigt. Reichlich Wasser in einem Topf zum Kochen bringen, gut salzen und die Wirsingblätter darin 2 Minuten blanchieren. Danach mit einer Schaumkelle abschöpfen, in Eiswasser abschrecken und gut abtropfen lassen.

Eine Füllung zubereiten. Dazu die Zwiebel abziehen und in 25 g heißer Butter in einem Topf anschwitzen. Das Mehl unterrühren und farblos anschwitzen. Mit 250 ml Gemüsebrühe aufgießen und glatt rühren. Dann die Sahne hinzufügen und die Mischung unter Rühren 15 Minuten köcheln lassen. Anschließend mit Salz, Pfeffer und einem Spritzer Saft der Zitrone würzig abschmecken. Die getrockneten Tomaten hacken. Zusammen mit den Linsen untermischen und die Füllmasse abkühlen lassen.

Den Wirsing auf der Arbeitsfläche auslegen. Jedes Blatt mit etwa 1 EL Füllung bedecken, aufrollen und mit Küchengarn fixieren. Die Röllchen in 2 EL Butter in einer Pfanne rundum anbraten. Zuletzt die restliche Gemüsebrühe angießen und die Wirsingrouladen 10 Minuten leise köcheln lassen.

Zum Anrichten das Küchengarn entfernen und die Rouladen mit dem übrigen Kochsud servieren.

In der eigenen Schale gebacken: Das verleiht den Knollen einen intensiven Geschmack. Durch das Salz bekommen sie eine zusätzliche feinwürzige Note. Reichen Sie die Rote Bete **zu Schmorfleisch oder Braten aus dem Ofen, besonders Ente, Gans oder Wildbret**. Auch mit **Fisch aus dem Ofen oder aus der Pfanne** harmoniert das erdig-süßliche Fruchtfleisch besonders gut.

Rote Bete aus dem Salz

Für 4 Personen
Zubereitungszeit 15 Minuten
Garzeit 1–2 Stunden (je nach Größe der Knollen)

8 möglichst gleich große Knollen Rote Bete (gesamt ca. 1 kg)
1 kg ungereinigtes Meersalz, natürlich feucht
3 Zweige Rosmarin
5 Zweige Thymian
½ unbehandelte Zitrone
1 kleine Knoblauchzehe
150 g Crème fraîche

Den Backofen auf 160 °C Ober-/Unterhitze vorheizen. Die Rote Bete gründlich waschen und abbürsten. Das Salz in einer passenden Auflaufform verteilen, die Knollen hineinsetzen und leicht in das Salz drücken.

Die Rosmarin- sowie Thymianzweige abbrausen und ebenfalls in das Salz drücken. Die Form in den vorgeheizten Backofen stellen und die Knollen darin weich garen. Das dauert je nach Größe der Rote Bete etwa 1–2 Stunden. Die Rote Bete ist gar, wenn sich eine Rouladennadel ohne Widerstand einstechen lässt.

Inzwischen die Zitrone heiß waschen, gründlich trockentupfen und die Schale abreiben. Den Knoblauch abziehen und fein reiben. Die Crème fraîche mit 1 Prise Salz, etwas Zitronenschale und dem Knoblauch zu einem Dip verrühren.

Die Rote Bete mit jeweils etwas Salz aus der Auflaufform in Portionsschalen verteilen und mit dem Dip servieren.

Schwarzwurzeln geraten leider oft in Vergessenheit, dabei sind sie (bis auf das etwas mühevolle Schälen) eine wahre Delikatesse. Reichen Sie sie **zu Schmorbraten, Gulasch, Geflügel** aus dem Ofen, aber ebenso **zu Steaks, Rinderrücken oder Leber**. Neben der Möglichkeit, sie in diesem herben Saft zu schmoren, können sie auch in dünne Scheiben geschnitten und kurz angebraten werden. Dann mit Orangensaft ablöschen und mit Koriandersaat würzen.

Glasierte Holunder-Schwarzwurzeln

Für 4 Personen
Zubereitungszeit 30 Minuten
Garzeit 25 Minuten

1 kg Schwarzwurzeln
3 Pimentkörner
½ TL schwarze Pfefferkörner
2 EL Butter
100 ml reiner Holundersaft (Direktsaft)
100 ml Apfelsaft
1 TL Zucker
Salz
1 EL gehackte Pistazienkerne

Die Schwarzwurzeln in einer Schüssel mit Wasser gründlich waschen. Zum Schälen der Stangen am besten Einweghandschuhe tragen, da sie eine weißliche Milch absondern, die braune, klebrige Flecken auf den Händen hinterlässt. Die geschälten Stangen in leicht schräge, mundgerechte Stücke schneiden und erneut in Wasser legen.

Die Piment- und Pfefferkörner im Mörser zerstoßen. Die Butter in einer Pfanne schmelzen und beides darin kurz anrösten. Die Schwarzwurzeln abgießen, zur Buttermasse geben und anschwitzen. Mit dem Holundersaft und Apfelsaft ablöschen. Den Zucker und 1 Prise Salz zugeben und alles abgedeckt 10 Minuten leise köcheln lassen. Kurz bevor die Schwarzwurzelstücke gar sind, den Deckel öffnen und den Sud sämig einkochen lassen.

Die Schwarzwurzeln in dem Sud wenden, auf Teller verteilen und servieren. Mit den Pistazienkernen und etwas Pfeffer bestreut servieren.

Reichen Sie die würzig-herzhaften Pancakes zu **Kurzgebratenem, Geschnetzeltem, kaltem Braten oder dünn aufgeschnittenem Schinken**. Auch **mit Käse, Fischfeinkost oder würzigen Quarkzubereitungen** sind sie eine Delikatesse. Im Übrigen braucht man dazu nicht unbedingt mehr als einen Klecks Schmand. Haben Sie die Wirsingrouladen von Seite 167 zubereitet und das Innere des Wirsings übrig, perfekt! Dann gibt es wohl diese Pancakes …

Birnen-Wirsing-Pancakes

Für 4 Personen
Zubereitungszeit 30 Minuten
Garzeit 20 Minuten

½ Kopf Wirsing
3 EL Butter
Salz
250 g Weizenmehl Type 405
1 geh. TL Backpulver
2 Eier
250 ml Milch
2 Birnen
frisch gemahlener Pfeffer

Den Wirsing waschen, den Strunk entfernen und die Blätter in Streifen schneiden. 1 EL Butter in einer Pfanne schmelzen, den Wirsing darin anschwitzen und gründlich salzen. Anschließend umfüllen und beiseitestellen.

Das Mehl mit dem Backpulver, ½ TL Salz, den Eiern und der Milch zu einem glatten Teig rühren. Die Birnen waschen, entkernen und in dicke Scheiben schneiden.

Die Pfanne jeweils dünn mit Butter ausstreichen und die Birnenscheiben darin mit ausreichend Abstand zueinander von beiden Seiten anbraten. Einige Wirsingstreifen um die Birnenscheiben verteilen und den Teig sowohl über den Birnenscheiben als auch über dem Wirsing verteilen.

Die Pancakes braun braten, wenden und auf der zweiten Seite ebenso braun braten. Fertig gebackene Pancakes auf einem Teller stapeln und abgedeckt warm stellen. So fortfahren, bis Teig, Wirsing und Birnen aufgebraucht sind.

Warm servieren.

Die perfekte Beilage für ...

Eine Servierempfehlungen finden Sie beim jeweiligen Rezept.

Fleisch

Hähnchen

Hirsch

Gans

Geflügel

Pilze

Sauce

Schmorgerichte

Schnitzel

Schwein

Steak

Tofu

Wels

Wild

Alphabetisches Rezeptregister

Über die Autorin

Susann Kreihe entwickelt seit vielen Jahren mit Leidenschaft kreative und passgenaue Rezepte. Ihre Kreationen erscheinen regelmäßig in Kochbüchern und Zeitschriften verschiedener Verlage. Neben der Arbeit als Rezeptautorin ist die gelernte Köchin und Betriebswirtin für Hotellerie und Gastronomie auch als Ghostwriterin für bekannte Spitzenköche tätig. Auf www.gerichte-werkstatt.de schreibt sie über die schönen Seiten des Lebens – Kochen und Genießen. Für »Die perfekte Beilage« übernahm sie nach »Tapas meet Mezze« erneut auch Foodstyling und -fotografie und beweist damit ihre Vielfältigkeit.

Impressum

Produktmanagement: Stefanie Gückstock
Redaktion: Constanze Lüdicke
Korrektorat: Judith Bingel
Layout: Marcus Taeschner, a flock of sheep
Umschlaggestaltung: Regina Degenkolbe, Rudi Stix
Repro: LUDWIG:media
Herstellung: Julia Hegele
Printed in Poland by CGS Printing

Text, Rezepte: Susann Kreihe
Fotografie und Styling: Susann Kreihe, im Einzelnen siehe Bildnachweis

Unser komplettes Programm finden Sie unter

www.christian-verlag.de

Bildnachweis: Alle Bilder des Innenteils und auf dem Umschlag stammen von Susann Kreihe mit Ausnahme von Seite 4: Ingolf Hatz; Seite 190: Melissa Engel.

★★★★★

Sind Sie mit diesem Titel zufrieden? Dann würden wir uns über Ihre Weiterempfehlung freuen.
Erzählen Sie es im Freundeskreis, berichten Sie Ihrem Buchhändler, oder bewerten Sie bei Onlinekauf. Und wenn Sie Kritik, Korrekturen, Aktualisierungen haben, freuen wir uns über Ihre Nachricht an

Christian Verlag, Postfach 40 02 09,
D-80702 München oder per E-Mail an
lektorat@verlagshaus.de

Alle Angaben dieses Werkes wurden von der Autorin sorgfältig recherchiert und auf den neuesten Stand gebracht sowie vom Verlag geprüft. Für die Richtigkeit der Angaben kann jedoch keine Haftung übernommen werden, weshalb die Nutzung auf eigene Gefahr erfolgt. Sollte dieses Werk Links auf Webseiten Dritter enthalten, so machen wir uns die Inhalte nicht zu eigen und übernehmen für die Inhalte keine Haftung.

Die Deutsche Nationalbibliothek verzeichnet diese Publikation in der Deutschen Nationalbibliografie; detaillierte bibliografische Daten sind im Internet über http://dnb.d-nb.de abrufbar.

ISBN 978-3-95961-817-5

Ebenfalls erhältlich ...

ISBN 978-3-95961-671-3

ISBN 978-3-95961-653-9

ISBN 978-3-95961-598-3

ISBN 978-3-95961-667-6